FOOD CULTURES AROUND THE WORLD

세계의 식생활문화

개정판

머리말

현재 우리나라 식생활은 단순한 식도락의 단계를 넘어 식생활 발전의 마지막 단계인 건강과 장수 지향의 예술 단계까지 이르렀다. 사람들은 생활에 경제적인 여유가 생기면서 음식의 맛뿐만 아니라 건강과 장수에 도움이 되는 식품에 적극적인 관심을 갖게 되어 먼 곳도 마다하지 않고 찾아다니며 그 음식을 즐기고 있다. 또 음식의 모양과 상차림 등에서도 우아함과 아름다움을 추구하고자 하는 요구가 증대되었다.

한편 우리 사회가 점점 국제화되고 세계적 축제이기도 한 월드컵과 각종 경기, 자유로운 여행 등으로 인해 나라 간의 소통이 활발해지면서 외국의 음식도 접할 기회가 많아졌다. 이에 외국 음식을 먹어보고 싶은 호기심도 생겨나고 있다.

우리의 식생활 문화를 조금 더 자세히 알고 그 특징과 장점을 지켜나가며, 동시에 다른 국가의 음식 문화를 이해하고 접하면서 그 나라와 민족을 이해한다면 우리는 음식을 통해서 외국과 더욱 친밀하게 교류하게 될 것이다. 최근 정부에서도 한식의 우수성을 새롭게 부각시키면서 한식의 세계화를 위한 노력을 활발히 하고있다.

이 책은 이러한 시대적 변화와 요구에 앞장서 나갈 식품관련전공 학생들과 음식 문화에 관심있는 분들에게 작은 도움이 될 것으로 기대한다. 미비한 점을 수정, 보완하고 내용을 확대하여 새롭게 발간하는 이 책이 여러분의 기대에 조금이나마 부응하기를 바란다.

끝으로 이 책이 나오도록 배려해주신 도서출판 효일 사장님과 편집부 직원 여러분들에게 깊은 감사의 말씀을 드린다.

저자 박춘란

1부

한국의 식생활문화

2부 세계의 식생활문화

1부

한국의 식생활문화

CHAPTER 01

식생활 문화의 형성요인

1. 식생활 문화의 형성요인

식생활 문화와 풍속에 영향을 주는 요인에는 개인적인 요인과 외적 요인이 있으며, 주로 자연적 · 사회적 · 경제적 · 기술적 요인의 영향을 받으며 형성된다.

(1) 자연적 요인

온대나 열대, 한대 등 기후 조건과 섬이나 사막, 육지 등 지리적인 요인과 같이 인간이 처한 자연환경은 식생활 형성에 크게 영향을 미친다. 즉 인간이 거주하고 있는 지역의 기후와 토양, 수질, 지형 등의 자연적인 요인에 따라 생산되는 식재료가 다르고, 이렇게 생산된 식재료들이 먹을거리의 종류를 결정하게 되어 자주 먹다보면 익숙해지는 것이다. 예를 들어 열대의 사바나 기후에서는 잡곡농경문화가 형성되었고 동남아시아의 열대우림 지역에서는 근재농경문화가, 지중해 지역에서는 겨울에 온난습윤하고 여름에 고온하여 맥류문화가 형성되었다.

(2) 사회적 요인

한 사회의 전통과 관습 등은 자연환경에 이어서 식생활 문화 형성에 커다란 영향을 준다. 사회적 요인으로는 종교, 관습, 국제화, 정보화 등이 있는데 이 중 종교와 민족에 따른 미신이나 관습은 식생활 문화에 크게 영향을 주어, 이에 따라 민족이나 사회의 금기 음식이 생겨나게 되었다.

【표 1-1】 금기식육의 분표(禁忌食肉의 分表)

동물	부정적	긍정적	부정이유
돼지	이슬람 사회	이슬람 사회 이외(以外)	종교상의 금기
소	힌두 사회	힌두 사회 이외	종교상의 금기
말	유럽 전역 · 미국	프랑스 · 일본 등	종교가 관련된 식습관상의 기피
낙타	이슬람 사회 이외	이슬람 사회	종교상의 금기와 습관
개	동남아시아, 오세아니아 이외	동남아시아, 오세아니아, 중앙아프리카	식습관상의 기피
닭	인도 대륙, 중앙 · 남아프리카	기타 사회	은유에 의한 기피 [다산다음(多産多淫)]
동물 전체	자이나교도, 채식주의자	기타 사회	종교상의 금기, 생활신조에 의한 기피
고래	일본 이외	일본, 북극 원주민	식습관에 의한 기피

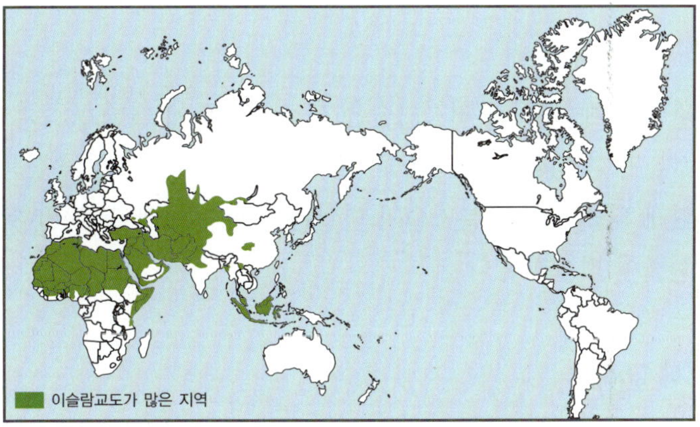

【그림 1-1】 돼지고기를 금하는 이슬람교도의 분포도
(출처: 음식, 그 상식을 뒤엎는 역사, 쓰지하라 야스오)

(3) 경제적 요인

식생활 형성에 경제적인 요인 또한 영향을 주는데, 경제 수준의 향상으로 질 좋고 보다 맛있는 식품에 대한 욕망과 새로운 음식에 대한 욕구가 커지고 있다.

경제 수준이 높아지면 고기 소비가 늘어나고 질 좋은 과일류 등의 소비가 증가하게 된다. 일부 식도락가들은 맛있고 새로운 음식을 먹기 위해 국내외로 여행을 다니거나 지역의 향토

음식을 찾아 관광을 다닌다. 이에 지역의 향토음식을 발굴하여 이것을 관광상품화하려는 연구와 노력도 꾸준히 증가하고 있는 추세이다. 한편 주부들의 사회 진출로 인해 조리 식품이나 완전 조리 식품의 소비도 증가하고 있다.

일본의 경우 쌀 주식 국가이지만 국민소득이 3만 불 이상이 되면서 한국이나 인도에 비해 전분의 열량구성비율이 46.3%로 적은 편이 되었고(한국 56.9%, 인도 67.8%), 동물성 식품의 비율은 높은 편(19.3%)이 되었다(한국 15.2%, 인도 5.5%).

(4) 세대차와 사회 계층적 요인

나이에 따라 섭취 식품의 재료에 차이가 있는데 신세대들은 새로운 음식에 대한 호기심과 다양함을 추구하여 서구적인 식사 형태인 빵이나 기호음료를 좋아하고, 경제 수준이 높아짐에 따라 배고픔을 채우는 식사가 아니라 영양과 맛을 위주로 즐기는 식사를 한다. 반면에 기성세대들은 맛보다는 영양 위주이며 자연식을 주로 한다. 또한 육체노동을 하는 계층과 정신 노동을 하는 직업인은 생리적으로 인체가 필요로 하는 영양소가 다르므로 자연적으로 계층 간에 식생활 문화가 다르게 형성된다.

(5) 기술적 요인

식품 생산기술과 가공기술, 식품 저장기술은 새로운 식품에 대한 충족과 풍부한 먹을거리를 제공하게 되었다. 또한 냉동기술과 냉장기술의 발달로 전 세계의 농산품이나 고기, 생선 등을 이용할 수 있게 되었으며, 제분기술의 발달은 거친 빵에서 고운 가루를 이용한 흰 빵, 면류, 빵류 등을 만들어 먹게 하였다.

2. 식생활 발전 과정

식생활은 인류 출현 이래로 서서히 변화, 발전해 오고 있다. 특히 18세기 후반부터 산업혁명이 일어나면서 식생활 변화도 급속히 이루어지고 있다. 식생활 형태는 【그림 1-2】에 표시한 것처럼 그 발전 단계가 있다.

(1) 원시 단계(1단계, Survival 단계)

생명 유지를 위해 식량을 구입하거나 자급자족하는 식생활을 하는 단계로, 경제 수준이 낮은 나라에서 아직도 유지되고 있는 단계이다.

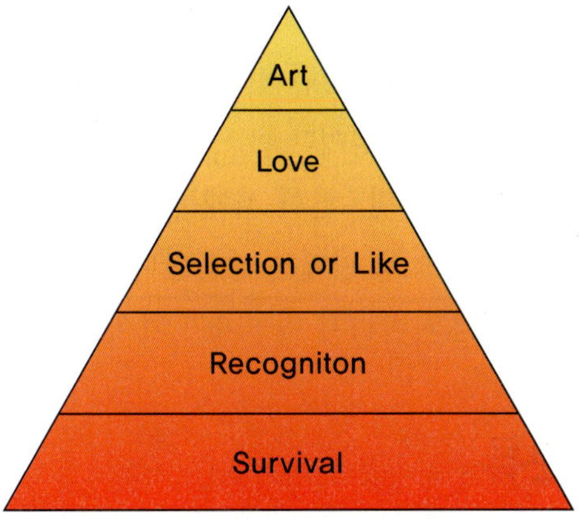

【그림 1-2】 식생활 형태의 발전 단계

(2) 기아 단계(2단계, Recognition 단계)

식량 조달의 수단에 있어서 유목과 축산뿐 아니라 계획적인 농경이 시작되는 단계이다. 지배 계층은 질 좋은 음식을 먹지만 서민층은 허기를 면치 못하는 단계로 우리나라는 1960년대 후반, 일본은 1950년대 초반, 북한은 1990년대 후반까지 이 단계에 해당된다. 그 외 아프리카, 네팔, 인도 및 인도네시아 일부 지역이 여기에 해당된다.

(3) 안정 단계(3단계, Selection or Like 단계)

상업적인 영농이 시작되는 단계로 우리나라의 경우에는 1960년대 후반에서 1970년대 후반이 이 단계에 해당된다.

(4) 식도락의 단계(4단계, Love 단계)

상업적인 영농이 정착하는 단계로 농업 인구는 급격히 감소하는 단계다. 우리나라는 1970년대 말에서 1980년대에 이르는 시기이다.

엥겔 계수가 40% 내외 또는 그 이하로 나타나며 가계의 총지출에서 식생활 비용의 부담이 없어지는 단계이다. 인스턴트 식품의 소비가 늘어나고 가족과 함께 외식을 즐기기 시작하며, 음식의 질을 중요시하는 시기이다.

(5) 건강 및 장수 지향의 단계(5단계, Art 단계)

고도화된 영농 기술의 발달로 산업적인 영농이 정착하는 단계로서 총인구의 수도 감소하는 단계이다. 1인당 국민소득이 4,000~10,000불 이상으로 생활의 여유가 생기고 건강과 장수에 관심을 갖게 된다. 우리나라는 1990년 전후에 이러한 현상이 일부 계층에서 일어나기 시작하여 현재는 보편화되고 있는 실정이다.

이 단계의 현상을 보여주는 예를 들면, 연회 시에는 음식 외에도 꽃장식, 인테리어 등에 비중을 두며 건강식 코너가 등장하여 그 판매가 증가한다. 또 건강을 위해 자연식으로 회귀하는 현상도 나타나는 시기이며 먼 거리까지 이동하여 외식을 즐기기도 한다.

3. 식생활 문화권의 분류

(1) 주식에 의한 분류

1) 쌀 문화권

벼는 인도의 아삼 지역과 중국의 윈난 지역이 원산지로, 현재 동남아시아, 인도, 말레이시아, 중국 남부와 대만, 한국, 일본 등에서 쌀을 주식으로 하고 있다. 맛이 우수하고 저장성이 좋으며 많이 생산되기 때문에 세계 여러 나라에서 식량으로 이용하고 있다. 밀에 비해 조리법이 간단하고 맛이 좋아 에너지 공급원으로서 좋은 장점을 가지고 있다.

2) 밀 문화권

밀은 소맥이라고도 하며 인도 북부, 북아프리카, 유럽, 북아메리카, 파키스탄 등에서 주로 주식으로 하고 있다.

밀은 쌀에 비해 수확량이 적은 편이며 건조한 지역에서 재배하고 있다.

3) 잡곡 문화권

조와 옥수수, 수수, 기장 등을 주식으로 하는 문화권으로 옥수수는 멕시코가 원산지이다. 멕시코와 페루, 칠레 및 아프리카 지역에서 낟알 그대로 또는 갈아서 수프나 죽을 끓여 먹거나, 얇게 반죽하여 구워 먹는다.

4) 감자 문화권

감자, 고구마, 토란, 마 등을 주식으로 하는 문화권은 동남아시아, 유럽 여러 국가, 태평양 남부 여러 섬과 안데스 지역이다. 거친 땅과 추위에 강한 식물로 비타민 C가 풍부하다. 유럽의 대기근 때 독일에서 식량부족 시 대체식품으로 주목받으면서 유럽 여러 국가에서 주식이나 중요식품으로 자리 잡게 되었다.

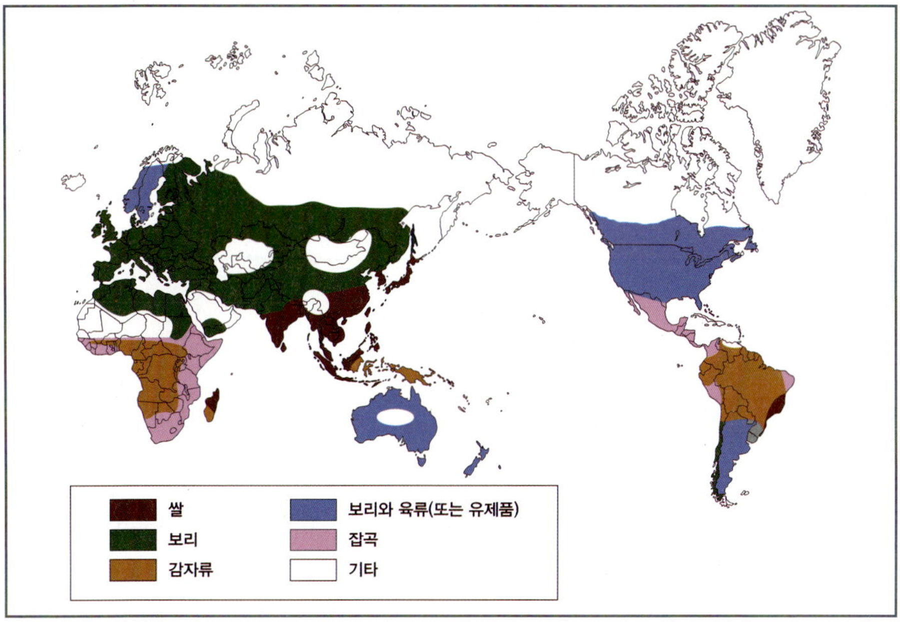

【그림 1-3】 세계의 주식 분포도

(출처: 음식, 그 상식을 뒤엎는 역사, 쓰지하라 야스오)

(2) 식사 방법에 의한 분류

1) 수식 문화권

수식 문화는 전 세계인의 40%를 차지하고 있다. 손으로 음식을 집어먹는 행위가 야만적이거나 문화 수준이 낮다고 말할 수는 없다. 오히려 손만 사용하는 것이 보다 이치에 맞는 식사방법이라고 믿는 지역이 지금도 주를 이루고 있으며 여기에는 엄격한 예절이 있다.

인도의 힌두교도나 서아시아의 이슬람교도들은 음식을 신이 내려준 신성한 것이라고 생각하며, 먼저 식사 전에 손을 씻어야 하고 동시에 양치질도 한다. 식사할 때에는 반드시 오른손을 사용하고 사용하는 손가락도 엄지와 집게, 가운뎃손가락 등 세 손가락만 사용하게 되어있다.

2) 젓가락 문화권

중국과 대만, 일본, 한국, 베트남 등이 젓가락 문화권에 속한다. 젓가락의 기원은 중국으로 오랫동안 왕후와 귀족의 연회에서 사용해왔다.

젓가락은 숟가락을 보조하는 존재로 사용되어 오다가 면류가 중국 서민들의 음식으로 인기를 얻게 되면서 자연히 더 자주 사용하게 되었는데, 명나라 때부터 숟가락 사용이 탈락된 것이 아닌가 생각된다.

일본에서 젓가락 문화가 시작된 시기에 대해서는 여러 설이 있으나 나라 시대와 헤이안 시대까지는 숟가락과 젓가락을 동시에 사용하다가 가마쿠라 시대에 와서 젓가락만 사용하게 된 것으로 알려져 있다. 일설에는 607년 오노노 이모코가 수나라에서 젓가락을 가지고 왔다고 전해진다.

3) 포크와 나이프 문화권

유럽이나 남북아메리카에서 사용되는 포크와 나이프는 그 역사가 매우 짧다. 나이프는 꽤 이른 단계에서 애용되었지만 어디까지나 고기를 자르기 위한 도구에 지나지 않았고 식사 시에 사용하는 도구로 여기지는 않은 듯하다.

유럽인은 고대 로마시대부터 식사는 손으로 직접 하는 것이 상식이었다. 레오나르도 다빈치의 명작 '최후의 만찬'을 보아도 음식이 담겨 있는 커다란 접시나 개인접시는 놓여있지만 포크나 나이프는 보이지 않는다. 이러한 수식 문화는 18세기까지 계속되었다고 한다. 그러나 시대의 흐름과 함께 음식을 손으로 먹는 것이 불결하다는 인식이 높아지면서 프랑스혁명 직후에 포크가 급속도로 재인식되기 시작하여 신분이 높은 자들이 사용하는 도구의 상징으로 바뀌게 되었다.

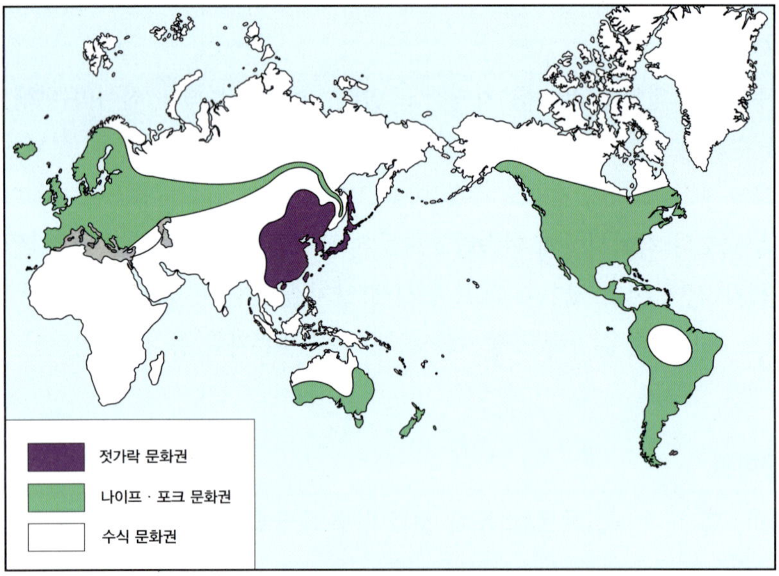

【그림 1-4】 전통적인 세계의 3대 식사 방법
(출처: 음식, 그 상식을 뒤엎는 역사, 쓰지하라 야스오)

CHAPTER 02

한국 식생활의 역사

한 나라의 식생활 문화는 그 민족이 살고 있는 자연조건에 바탕을 두고, 여기에 시대적 사회환경이나 정치적 배경에 영향을 받으면서 변천 · 발전한다. 이러한 변화 요인들은 각 나라나 민족의 독특한 식생활 문화를 형성한다.

이 장에서는 한국 식생활 문화의 형성과 변천을 시대에 따라 간략하게 기술하고자 한다.

1. 선사 시대의 식생활

(1) 구석기 시대와 신석기 시대(자연물 채취와 어로 수렵의 식생활)

한반도에 인류가 거주하기 시작한 것은 구석기 시대부터라고 알려져 있다. 역사가들은 우리나라에 인류가 살기 시작한 시기를 후빙기(後氷期)까지 소급한다고 고증하고 있는데, 이 시기는 전기 구석기 시대에 해당된다. 그러나 실제로 한국에서 빙하기의 흔적을 찾기는 어렵다. 한국은 중국을 중심으로 한 빙하의 주변 지역으로, 황해의 전부나 혹은 일부가 육지로 변하고 난 후 중국에서 한반도로 인류가 이동하게 되었을 것이다. 특히 빙하기의 추운 기후를 피하여 보다 따뜻한 기후와 적합한 식생활 조건을 찾아 한반도로 남하하였을 것으로 보고 있다.

우리나라에서 발견된 구석기 시대의 유적지로는 함경북도 웅기의 굴포리, 평안남도 평양 상원군, 충북 제천군 포전리 점말동굴, 충청북도 청원군 두리봉, 충청남도 공주군 석장리 등이 있으며, 이 유적들로 미루어 보아 우리나라 전역에 인류가 살고 있었음을 짐작할 수 있다.

구석기 시대인들은 산불로 타다 남은 수풀의 불을 이용하여 사나운 짐승으로부터 보호받고 추위도 견딜 수 있게 되었을 것이다. 이들은 또 산불로 인해 익은 나무의 열매나 뿌리를 먹게 되고, 불에 떨어져 달궈진 조개가 저절로 입을 벌린 것을 발견하여 익은 조개를 먹게 되었으며, 이로 인해 물가에 살게 되었고 물고기도 잡아먹게 되었을 것이다. 동물도 사냥하여 식량으로 이용하고, 잡은 동물은 집단에 분배하여 날고기로 먹기도 하고 구워서 먹기도 하였을 것이다. 또 수풀 속의 열매, 도토리, 버섯, 산나물 등을 채집하여 먹고, 새알도 구워서 먹었을 것이다.

신석기 시대는 기원전 4,000년경부터 시작되었다고 보는 것이 지배적인데, 구석기 시대에 이어 마제석기와 토기의 사용을 특징으로 하며 주로 고기잡이와 사냥을 위주로 하는 식생활의 시대였다고 할 수 있다. 또 신석기 시대를 '빗살무늬 토기 시대'라고 부르기도 하는데, 빗살무늬를 모두 조개껍데기나 고기 뼈를 이용하여 그린 것으로 보아 이 시대의 식생활이 주로 어업과 관련되어 있음을 알 수 있다.

우리나라의 남해안이나 서해안 중부 또는 함경도의 북부 해안 지역에서 발견되는 패총은 이 어업 문화를 나타내는 증거물이며, 패총의 맨 아래층에서 즐문토기가 발견되고 있다. 이로써 즐문토기가 이 시대에 제일 오래된 문화였음을 알 수 있다. 그 후 즐문토기가 후기의 농경에 보편화되었다고 보는데, 이 시대 유적에서 기장이나 피 등의 야생 농작물과 도토리 열매가 발견되는 것으로 보아 어업을 주로 하면서 간단한 농작물 채취식의 원시 농경이 이루어졌음을 알 수 있다.

그 후 즐문토기의 말기, 곧 청동기 시대에는 무문토기가 발달하게 되는데 북쪽은 각형토기(角形土器)를 사용하였고, 남쪽은 문양이 없는 무문토기가 주로 농경민의 그릇이었다.

【그림 2-1】 빗살무늬 토기
(서울 암사동 선사 유적지 박물관)

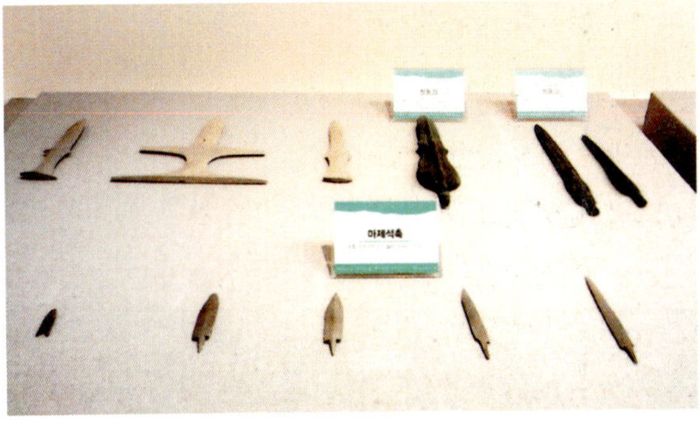

【그림 2-2】 마제석촉과 청동검
(서울 암사동 선사 유적지 박물관)

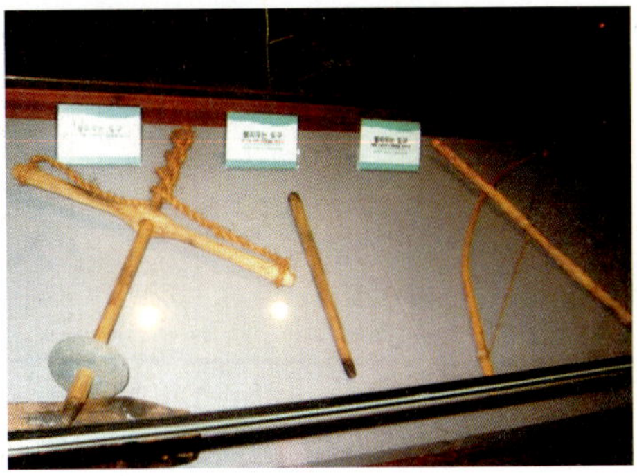

【그림 2-3】 불 지피는 기구
(서울 암사동 선사 유적지 박물관)

1) 조개더미

이 시대의 식생활을 알 수 있게 하는 가장 대표적인 것이 조개더미이다.

패총은 우리나라에서는 김해를 중심으로 한 고성, 양산 등 남해안 지역과 몽금포, 덕적도 등 서해안 지역 및 함경도 북부 해안 지대에 널리 분포하고 있는데 이것은 신석기 시대의 식생활이 주로 어로와 관련이 많다는 증거이다. 주로 굴과 대합 등 각종 조개류가 출토되고 있으며, 조개껍질은 또 그릇이나 장식용 또는 부적으로도 사용되었으리라 추측된다.

이외에 삼치, 도미, 상어, 고래 뼈 등이 발견되고 있는 것으로 보아 조개와 함께 물고기를 다양하게 먹고 있었음을 알 수 있다.

2) 잡식성의 식생활

이 시대의 주식이었다고 할 수 있는 어패류 외에도 야생식물을 채집하여 먹었는데 서울 암사동과 경기도 광주 미사리에서 즐문토기와 함께 잡곡류 등과 도토리, 밤 등이 발견되고 있어 일찍부터 이런 식품들을 먹었음을 알 수 있다.

또 수렵법의 발달로 야생 동물을 식품으로 공급하는 일이 시작되었으며, 큰 동물을 수렵하기 위해서는 돌창이 사용되었고 돌화살촉도 새나 작은 짐승의 수렵에 이용되었다.

추운 겨울이나 비축용으로 식품을 저장하였는데 어패류를 말리거나 젓갈 형태로 발효시켜 먹거나 움집에 도토리 등 나무열매를 저장하였고, 불을 사용할 줄 알았기 때문에 열매 등을 불에 그슬리거나 구워서 보관하였을 것이다.

3) 벼농사의 시작

우리나라의 즐문토기는 시베리아계의 문화로서 고기잡이, 사냥 등이 기본적인 식품 획득의 수단이었다. 그러나 후기에 들어와서 화북 지역의 몽고계와 퉁구스족들이 한반도의 내륙으로 이동을 계속하면서 점차 농경 중심의 사회로 변해갔다.

이들은 점차 청동기의 위력으로 정복을 계속하면서 무문토기와 청동기 시대를 발전시키게 되어 신석기 시대의 경제활동은 동철을 다루는 기술과 농경 등으로 나누어지게 되었으며, 또한 이때 농경민들이 원시 농경 기술에다 벼 농사법을 전래한 것으로 생각되고 있다.

한편 이 시대의 주거지에는 화로의 흔적이 있어 이미 불에 익혀 먹는 조리법이 있었음을 짐작할 수 있고, 맷돌로 갈아 가루로 만든 흔적은 곡물을 갈아 죽으로 끓였던 것일 가능성이 높다.

【그림 2-4】 각종 석기

(서울 암사동 선사 유적지 박물관)

2. 부족국가 시대의 식생활(벼의 재배와 주·부식 분리 시대)

부족국가 시대는 신석기 시대 말기부터 청동기 시대까지라고 볼 수 있는데, 초기에는 고조선으로 결집되었고 그 후 기원전 107년경에는 고구려, 예맥, 부여, 옥저, 낙랑과 한강 이남의 삼한(진한, 마한, 변한)이 성립되었다. 이들 부족국가는 기름진 토지와 철제 농기구로 벼 농사를 비롯한 농경을 활발하게 이루고 있었다. 지금까지 어패류를 주식으로 했던 부족에게 농경과 수렵에 의한 식생활 방식이 전해졌으며 점차 농경이 식생활을 주도하는 형식으로 변천해가고 있었던 것으로 보인다.

주방 기구에서도 어류민은 즐문토기를 사용하였고, 농경민은 무문토기를 주로 사용하였는데 즐문토기와 무문토기의 병존 시대에서 교체의 시대로 점차 변화하게 되었다.

(1) 식생활의 풍습

고고학적 자료만으로 원시사회의 제도나 식생활의 풍습을 추측하기는 어려운 점이 많으나 아마도 이 시기의 식사 형태는 공동 식사의 풍습이었으리라 생각된다. 그 이유는 대형 토기밖에 발견되지 않고 있기 때문이며, 공동 우물 등의 발견도 이를 뒷받침하고 있다.

또한 부족 사이의 교류는 식생활의 다원화(多元化)를 가져왔으며, 대륙에서 이동해 온 농경 부족의 우세로 식생활에서도 이들의 영향을 받게 되었다.

식품의 다양화와 함께 석기, 골기(骨器), 청동기 등의 사용과 즐문토기, 무문토기, 청동기, 철기 등의 다양화가 이루어지고 있었다.

(2) 주 · 부식 분리의 식생활

이미 조나 보리 등의 야생 식물을 재배하던 농경문화에 벼농사가 추가되면서 곡류를 주식으로, 어패류를 부식으로 하는 주 · 부식이 분리된 식생활이 이루어졌을 것이다.

주요 곡물은 조, 보리, 밀, 피, 기장, 수수, 쌀 등이며 기타 곡류로 콩과 팥을 함께 이용하였다. 곡물은 갈아서 가루로 하여 죽을 쑤었거나, 쪄서 또는 구워서 먹었을 것으로 생각되는데 그 증거로 지금까지 발견된 유적에서 탄화된 쌀알을 볼 수 있다. 또 시루 등도 발견되었는데 이는 꼭 떡을 만들어 먹었다기보다 가루를 찌거나 곡류를 그대로 쪄서 먹었을 것으로 추정된다.

어류로는 도미, 삼치, 상어, 고래, 농어, 복어, 섬게류 등을 식용으로 한 흔적이 보이며 해조류로 미역과 다시마를 이용하였다.

그 외 열매류로는 밤, 대추, 잣, 배, 매실, 복숭아 등을 섭취하였으며 기록에는 없으나 단군신화에 의하면 당시에 쑥과 마늘을 채소로 식생활에 이용하였음을 알 수 있다.

말, 소, 돼지, 개가 목축으로 이용되었고 특히 말은 중국에도 잘 알려져 있었다.

3. 삼국 · 통일신라시대의 식생활(식생활의 계층화와 체제 정착 시대)

고구려를 비롯한 백제, 신라 등 삼국시대에는 벼농사가 정착되어 어느 정도 식생활의 안정을 가져왔으며, 국가의 형성과 함께 귀족식과 서민식으로 계층화가 시작되었으며, 농경 중심의 제천의식과 명절식과 같은 행사가 행해졌다.

농업, 목축, 어로를 통해 다양한 식품을 얻게 되어 식생활이 비교적 풍요로운 편이었는데, 중국에서 들어온 불교의 영향으로 살생을 금하고 목축과 생선 잡는 것까지 금하게 되어 결국 곡물과 채소에만 의존하게 되었다. 이러한 이유로 백성들은 주로 농민이었고 왕은 권농에 힘썼으며 농사짓는 일에 방해되는 일은 절대로 행하지 못하게 하였다. 또한 고구려 낙랑 고분에서 발견된 흑변한 쌀과 백제의 군창지 유적인 부여에서 출토된 다량의 쌀로 미루어 보아 당시에 벼농사가 전국적으로 상당히 널리 분포되었음을 짐작할 수 있다. 기타 잡곡으로 피, 조, 기장, 콩, 보리, 귀리 등이 하층 농민들의 주요 식품으로 이용되었다.

이 시대의 채소로는 무와 상추가 이용되었는데 특히 무는 중국에서 전래된 꽤 오래된 식품 중의 하나이며 장아찌 등의 조리법이 보인다.

육류로는 멧돼지, 사슴, 곰, 소, 말, 물개, 거북, 닭, 개 등을 섭취하였다.

고구려는 중국과, 백제는 일본과 해상을 통한 교류관계를 가졌으며 신라의 장보고는 해상활동으로 유명하다. 이에 가까운 곳에서만 고기를 잡던 것에서 점차 먼 바다로 나아가 고래나 바다표범 등을 잡게 되었으며, 새우, 조기, 상어, 돌고래, 가자미, 숭어, 붕어, 문어, 농어 등의 수산물은 이 시대의 식생활을 더욱 풍요롭게 해주는 식품이었다.

주식으로서 쌀밥이 정착되었고, 여기에 김치의 원조 격인 심심한 장아찌류가 중요한 부식이 되었다. 또 발효 음식이 꽤 발달해 있었는데 이 시대에 발견되는 뚜껑 달린 병(장경호)들은 발효식품을 담는 그릇으로 쓰였을 것이다. 즉 이것들은 술 또는 쌀이나 콩, 보리 등을 발효시킨 곡장, 짐승의 고기나 어패류를 소금에 절인 육장, 과실 및 근채류를 소금에 절인 장아찌 등을 담는 데 쓰였다.

삼국시대의 부엌은 매우 발달해 안악 고분의 고구려 주택을 보면 부엌이 방과 분리되어 있었음을 알 수 있다. 부엌에서는 숯을 가열재료로 사용하여 옹기솥을 걸고 밥이나 떡의 형태로 곡물을 익혔을 것이다. 현재의 밥과 같은 형태의 조리법은 그 후 철제 가마가 들어왔을 때부터 활용한 것으로 보인다.

식기는 계급에 따라 다른데 이 시대의 식기는 고구려, 백제, 신라 모두 토기가 주로 이용되었고 고구려에서는 일상용기로 금속이나 목기도 이용하였다. 또한 이 시대에는 철기가 꽤 발달하여 있었다.

오늘날의 제기에 영향을 준 변두나 고배가 이 시대에 발견되고 있으며, 이런 식기류의 발달은 주 · 부식 분리 형태의 정착을 말해주는 동시에 상하층 계급화가 이루어졌음을 의미한다. 심지어 통일신라 말기에는 노예 계층도 있어서 3,000명의 신분노예가 있었다고 한다. 이러한 신분제도는 신분 간의 빈부격차를 더욱 심화시켰다.

(1) 명절 음식과 계절식

신라시대에 정초 명일로 상해(上亥), 상자(上子), 상오(上午) 등을 설날이라 하여 지켰다. 명절의 기원은 다음과 같다. 신라 21대 소지왕 때 궁중에 불상사가 생겨 왕의 생명이 위태로웠다고 한다. 이때 새, 쥐, 돼지 등 세 동물의 지시에 의해 구출된 적이 있어 그 덕을 기리기 위해 특히 정월 15일에 찰밥을 하여 새에게 제사를 지냈다고 한다.

「동국세시기」 상원(上元)을 보면 대보름에 찹쌀에 대추, 밤, 기름, 꿀, 간장 등을 섞어 찌고 잣을 박은 것을 약밥이라고 하였다. 이로써 오늘날의 약밥은 신라시대부터 전해 내려오고 있음을 알 수 있다.

신라의 세시명절 가운데 '수리'는 중국의 단오로 5월 5일에 해당한다. 5월 5일은 볕이 가장 강한 날로 알았으며 그날 쑥을 뜯어서 떡을 만들어 먹었는데 그 떡의 모양을 수레바퀴처럼 둥글게 만든 데서 '수리'라는 명칭이 유래했다고 한다.

「동국세시기」에는 8월 15일을 우리나라 풍속에서 '추석' 또는 '가위'라 하며 이것은 신라의 풍속에서 비롯하였다고 기록하고 있다. 신라 유리왕 때부터 내려오던 '가위'는 추수할 시기여서 오곡백과가 다 있는 풍요로운 계절의 행사로, 점점 더 큰 명절이 되어 전해 내려왔다.

(2) 제천의식과 술

벼농사의 발달은 술의 발달을 가져왔는데 동월의 「조선부」에 "조선에서는 술을 빚을 때 멥쌀로 하고 찹쌀은 쓰지 않는다."라고 기록하고 있다. 이 시대에는 나라마다 제천의식이 발달하였고 이때 가무음주하면서 하늘에 제사를 지냈다. 「위지」 고구려전에는 고구려의 술 제조 솜씨가 매우 좋았다고 기록되어 있다.

4. 고려시대의 식생활(식생활의 변천 시대)

고려는 통일신라 후기의 제도와 풍속을 이어 받은 관료제와 불교를 더욱 발전시킨 특징을 가지고 있다. 살생이 죄악시되었으므로 곡류와 채식을 위주로 하는 권농 정책에 중점을 두게 되었으며 풍년을 기원하는 기곡(祈穀)이라는 행사와 비를 기원하는 우제(雩祭)가 있었다.

또 소금의 전매가 국가적 차원에서 이루어져 식생활에 큰 변화를 가져왔으며 양곡이 증산되면서 쌀밥이 보급되었을 뿐 아니라 떡과 한과류도 성행하였다.

주막이 이때 생기고 조미료와 기호식품이 보급되었다. 식기로 고려청자가 발달하였는데 이것은 이 시대에 귀족 식생활이 매우 화려하였고 식생활이 문화적인 차원으로 발전하였음을 의미한다.

귀족들의 식생활은 매우 사치스러웠으며 특히 고려 말기의 무신들은 사치가 극에 달했다고 한다. 그러나 일반 백성과 천민들은 생활이 힘들었다. 고려의 신분제도에는 농 · 공 · 상에 종사하는 일반 서민과 그 밑에 천민과 종이 있었는데 서민은 대부분 농민이었고 상인과 공인은 천시되었다. 노비는 신라시대부터 내려온 신분이다.

(1) 식생활의 국제 교류

고려 25대 충렬왕이 원나라의 제국대장공주에게 장가를 든 이래 고려의 왕은 거의 원나라와 혼인을 맺었는데 이로 인해 몽고의 언어, 풍습과 음식 문화가 상류층에 영향을 주었다.

고려가 원나라에서 받아들인 음식에는 소주, 상화, 포도주, 사탕, 후추 등이 있다. 또 고려의 여인도 원나라로 많이 뽑혀 가서 고려의 풍습도 원나라에 널리 퍼졌으며, 여진과 거란과도 교류가 있어 식생활에도 많은 영향을 미쳤다. 고려와 송나라는 도자기에 관심이 많았다고 한다.

(2) 식생활의 풍습

「고려도경」을 보면 음식상에 고기포나 어 · 채류를 많이 차려놓고도 많다고 하지 않았다고 하였으며 또 주행(酒行)에 절도가 없었다고 한다. 상은 겸상을 하여 서로 마주 대하고 식사하는 풍습이 있었다고 한다. 또 고려시대에는 관기(官妓)제도가 생겨서 이들이 연회에 참여하였으며, 이 시대에 주막이 개설되었고 여러 나라와 교역도 활발했는데 특히 몽고나 송, 거란, 여진 등의 상인들을 위해 영빈관과 회선관을 설치하였다.

불교의 전래와 함께 우리나라에 들어온 차는 고려시대에 와서 매우 성행하였는데, 고려시대에는 궁중에 '다방'이라는 관청이 있어 연회 때에 진다(進茶)를 맡아 보았고 사원에서는 다촌을 두고 차의 재배를 관리하였다. 차는 제수로 쓰이며 불공에서는 필수적이었다. 수도하는 스님은 차를 즐겨 마셨으며, 조정의 중신들에게 내리는 하사품에 자주 차가 등장한 것으로 보아 귀족층에도 차가 꽤 많이 보급되었음을 짐작할 수 있다.

고려시대에는 양곡이 증산되면서 쌀밥의 보급뿐 아니라 떡과 한과류도 발달, 성행하였으나 일반 서민들에게 쌀밥이 보편화되지는 않았던 것 같다. 이들은 주로 기장을 많이 먹었으며 그 외 조, 보리를 주식으로 하였고 기타 콩, 피, 메밀, 수수, 귀리, 팥, 녹두 등이 있었다.

부식으로 국이 크게 발달하였으며 이때부터 우리 식생활의 기본구조가 형성되었는데 국은 장이나 된장, 소금 등으로 간을 맞추었으며 고깃국은 파를 넣어 맛을 내었다.

가장 기초적인 부식은 장아찌였으며 상추쌈을 즐겨 먹었다. 쌈은 상추뿐만 아니라 좋은 채소라면 어느 것이든 가능하였고, 가공 저장 식품으로는 생선포와 무와 채소를 땅에 묻는 방식으로 저장하여 이용하였다. 겨울에는 소금에 무나 채소를 절여 저장하였으며 여름에는 얼음을 이용하여 식품을 저장하였다.

또한 고려시대에는 목장이 많아 말과 소를 사육하여 몽고에 바쳤다고 한다. 고려시대에는 도살을 금지하였으므로 식탁에서 고기를 찾기가 어려웠으나 몽고의 지배에 들어간 고려 말에는 다시 육식을 하게 되었다. 고려 사람들은 도살법뿐만 아니라 고기 요리도 몽고 사람들을 통해 배우게 되었는데, 이때 맹물에 고기를 넣고 끓인 오늘날의 곰탕이나 설렁탕과 비슷한 조리법이 생겼다.

고려시대에는 불교의 영향으로 어업이 발달하지 못하였으나 「고려도경」에 미꾸라지, 전복, 큰 새우, 대합, 게, 굴, 거북 등을 먹었다고 기록되어 있다.

채소류로는 오이, 가지, 무, 파, 아욱, 박 등이 이규보가 쓴 「가포육영」에 기록되어 있는 것이 보이며 과일 중에서는 수박을 고려 때 처음으로 먹은 듯하다. 그 외 배, 감, 대추, 복숭아, 앵두, 능금, 잣, 유자, 다래, 머루 등이 있었고 제주도의 귤은 귀한 과일로 여겼다.

한편 고려시대에 사용한 기명은 유기, 철기, 금 · 은기, 금 · 은도기, 청동기, 고려청자 등 매우 다양하며 이 중 고려청자가 유명하다. 옻칠기도 매우 섬세하고 정교하여 상류층의 식생활이 매우 고급스러웠음을 짐작할 수 있다. 또 「고려도경」에 의하면 놋그릇을 많이 사용하고 있었다는 기록이 보인다. 이 밖에 철제 가마와 목제의 광주리, 오지로 된 술단지, 술잔, 사발, 접시, 보시기 등이 기록되어 있다. 또한 연회용 탁자에 식탁보와 수막(繡幕), 촛대 등 화려한 장식물이 나타난다.

5. 조선시대의 식생활(한식의 발달과 완성의 시대)

(1) 조선 전기의 식생활

조선 왕조는 고려의 국교였던 불교를 억압하고 유교를 숭상하는 새로운 정치윤리를 확립하였다. 서울을 한양으로 옮긴 조선왕조는 유교적 정치윤리에 따라 양반 제도를 확립하고 양반과 서민을 근본적으로 차별하는 제도를 고착시켰으며, 사례(四禮)를 존중하는 사상을 바탕으로 절차의 형식화를 강조하였다. 특히 봉제사의 의례가 생활의 관례를 고정시키고 양반제도에 정점을 둔 가족제도는 여성들을 차별하였다.

이 시대의 식생활은 고려시대 관습을 그대로 이어 받아 사치는 더욱 심해졌으며 특히 왕과 왕족들은 평민과는 매우 다른 인간으로 군림하였고, 이들은 생활 특히 음식에서 뚜렷이 '낮은것' 들과 구별되었다.

궁중 음식이라고 다 동등한 것이 아니라 지위에 따라 상차림과 음식의 종류가 달랐으며 또 왕의 경우는 특별한 날 즉, 생일이나 향연이 있는 잔칫날과 평일에 차이가 있었다. 궁중 음식 상차림은 매우 화려하였고 이렇게 발달한 궁중식은 양반계급이나 민간에 전래되어 반가(班家)의 식생활을 풍부하게 하였다. 그러나 양반가와 서민층의 생활에는 큰 차이가 있었다.

또 궁중의 음식이 양반들에게 '봉송' 으로 내려지기도 하였는데 이것은 궁중식이 민간으로 전해지는 과정이었으며, 지금도 이 꾸러미 풍습은 남아있다.

1) 주요 이용 식품

15세기 말엽 강희맹이 쓴 「금양잡독」이라는 책에 중요한 곡식의 품종으로 벼 27종, 콩 8종, 팥 7종, 녹두 4종, 완두 1종, 기장 4종, 조 15종, 당서 3종, 피 5종, 보리 6종 등으로 소개하고 있는 것으로 보아 재배 기술이 매우 발달하였음을 알 수 있다. 당서는 옥수수로, 조선시대에 옥수수가 비로소 전래된 것으로 보인다.

소와 말이 운반이나 교통수단으로 이용되었으므로 도살을 금하여 쇠고기를 먹기는 어려웠다. 이 때문에 돼지고기를 식용으로 하였는데 일반인들은 돼지고기보다는 닭을 주로 먹었고, 이때 개고기도 유행하였다.

수산물은 어류가 50여 종으로 매우 많았으며 이 시대에 처음 명태가 나타난다. 또 멸치 어업이 크게 성행하였으며 젓갈류의 종류도 많았다. 따라서 이런 여러 종류의 젓갈로 김치를 담갔고, 고추의 전래로 김치는 급격한 발달을 하게 된다. 이 고추는 식생활에 큰 변화를 가져온 조미료로 이수광의 「지봉유설」이라는 책에 '남만후추' 라는 이름으로 기록되어있으며, 우리 식생활에 없어서는 안 되는 식품으로 자리 잡게 되었다.

또한 토마토가 임진왜란 직후에 처음으로 중국을 거쳐 들어온 것으로 추측된다. 우리나라에서 토마토가 식용으로 널리 쓰인 것은 17세기 이후라 하겠다. 그 외 과일의 종류도 매우 많았는데 귤은 제주도에서만 재배되어 희귀한 과일로 귀족층 외에는 구경조차 하기 어려운 과일이었다.

또 양조법이 발달하여 멥쌀로 주로 술을 담갔으며 찹쌀을 최상으로 치고 피는 중급, 조를 최하로 여겼다. 이 술은 신과 조상과 임금에게 바쳤고 손님에게도 대접하였다. 특히 서민들은 손님 접대에 차보다도 술을 대접하였으며 술은 서민들과 가장 가까운 음식이었다. 처음 주점이 설치된 것은 고려 성종 2년이라고 하며, 국로(國路)의 요소에 처음으로 주점 6점을 두어 여행객에게 숙박과 음식의 편의를 제공케 하였는데 이것이 후에 주막이 되었다고 한다.

2) 부엌 용구

자기와 사기는 조선시대에 가장 널리 쓰였던 식기로 광주와 이천 등에 도자기 가마가 모여 있었으며 이것은 오늘날까지 이어져 오고 있다.

놋그릇은 고려시대에 이어 크게 쓰였으며 일본과 송나라 이래 중국에 그 명성을 떨쳤던 명품이었다. 안성, 통영, 동래, 덕평 등이 특히 유명한데 상류나 넉넉한 가정에서 널리 쓰였고 주걱이나 수저도 많이 사용되었다. 기타 질그릇은 즐문토기 시대부터 써온 오랜 전통을 가진 것으로, 서민들의 부엌 용구로 널리 사용되었다. 또 밥상과 바가지, 함지박, 각종 제기류에 목기가 쓰였다.

(2) 조선 후기의 식생활

17세기 임진왜란은 조선왕조 시대를 전기와 후기로 구분하는 역사적인 기준이 된다. 이는 200년간 유지해온 양반 정치의 붕괴의 시작이었으며, 실학파의 대두와 자본주의적 경제 체제의 발생 등으로 이 시기를 근대 사회로 한걸음 나아가게 하는 계기로 본다. 계급의식의 타파로 양반과 서민 사이의 간격이 좁아졌다.

실학파 학자 박지원이 쓴 「양반전」에 보면 당시 양반들이 음식을 대할 때 매우 진중한 태도를 취했음을 알 수 있다. 또 이 책에는 금기 음식과 상극인 음식 등도 제시되어 있다.

음주문화를 살펴보면 자기가 받은 술잔을 비우면 곧 그 술잔의 임자에게 다시 술잔을 돌리는 풍습이 있었다. 중국은 각자 자기 잔을 가지고 마셨으므로 잔을 돌리는 일은 거의 없으며 일본 사람들도 자작(自作)하는 것이 보통으로, 술잔을 돌리는 것은 우리의 오랜 풍습으로 이어져 왔다. 또 사랑방을 통하여 손님을 접대하고 사교하는 대화의 장을 마련하였다.

식생활에서는 고추가 유입되면서 식생활이 보다 다양해졌으며 담배가 이 시대에 전해져 폭발적인 인기를 얻었다.

조선시대의 조리법을 집대성한 「규합총서」와 「음식디미방」에는 각종 요리의 종류와 조리법이 자세히 기록되어 있다.

1) 주요 이용 식품

조선시대에는 오늘날의 식품 종류와 거의 다름없는 여러 종류의 식품을 이용하였으며, 조선 후기에 전래된 것으로 호박, 고추, 고구마, 감자, 옥수수, 낙화생, 완두, 수박, 토마토, 사과 등이 있다. 19세기 초 서유구의 「임원경제」를 보면 아욱, 부추, 생강, 갓, 쑥갓, 평지, 시금치, 상추, 미나리, 순채, 여뀌, 두릅나물, 고수풀 등 다채로운 채소류를 먹었음을 알 수 있다. 특히 고추가 임진왜란을 전후하여 전래되면서 식생활에 커다란 변화를 가져왔다. 고추가 전래된 후에 오늘날과 비슷한 형태의 김치 담그기가 행해졌다.

「규합총서」에는 섞박지, 아욱김치, 동아 섞박지, 동치미, 산갓김치, 장짠지, 전복김치 등 다양한 김치가 등장하는데, 이로써 김치류가 매우 다양하게 발달하고 있었음을 알 수 있다. 이로 인해 우리 식생활은 담백미에서 조화미를 이루는 맛으로 점차 변화되어 갔다.

호박과 고구마, 감자는 임진왜란을 전후하여 들어왔다. 고구마는 감저라는 이름으로 전래되었는데, 18세기 중엽 영조 39년(1763)경에 통신사로 일본에 갔던 조엄이 대마도에서 고구마를 부산진에 보낸 것이 시초라고 한다. 감자는 고구마가 보급된 지 약 10년 후에 들어왔으며 고구마를 감저라고 부르고 감자는 북감자라고 불렀다. 감자는 마령서라 하여 19세기 초(1834~1849)에 청국으로부터 이식되었으며 고구마보다 널리 퍼졌다.

그밖에 수박이 진상 식품으로 일찍부터 쓰였고, 사과는 굵은 능금이라 하여 1890년경에야 널리 퍼졌다. 이처럼 남방으로부터 전래된 식품들이 많이 들어오면서 다양한 식생활이 형성되었다.

2) 조리법의 발달

조선 후기에 들어서면서 외국으로부터 들여온 조리법을 새롭게 익혀 조리법이 매우 다양해졌다. 그러나 일반 서민들의 밥상은 대체로 밥과 국 한 그릇과 김치나 깍두기 또는 산채류가 기본인 소박한 것이었다. 가난한 집은 밥 대신 죽을 먹었다.

「임원십육지」에 보면 떡 종류가 63가지, 죽 종류가 39가지로 나오는데 양반가와 서민층은 음식 상차림에 차이가 컸음을 짐작할 수 있다. 양반가의 상차림은 반상, 돌상, 명절상, 손님상, 연회상 등 다양한 상차림이 있었고 밥과 국은 기본이었다. 그러나 서민의 상에서는 그저 배부르게 먹는 데 주력했던 듯 하며 이 풍습은 고려시대부터였던 것 같다. 「고려도경」에서 고려인들은 많이 먹는 것만 좋아하는 듯 음식을 자꾸 권했다고 기록하고 있다.

고려청자에 이어 조선시대의 백자도 실용적인 식기로 만들어 사용하였으며 이는 조선 시대의 가장 자랑할 만한 문화로 자리 잡게 되었다. 또한 조선왕조 시대에는 많은 명절을 지켰는데 명절 때 각종 음식을 차리고 계절에 따라 많이 산출되는 식품으로 음식을 장만하고 풍류를 즐기는 풍습이 있었다. 이것은 오늘날까지 이어져오고 있다.

6. 근 · 현대의 식생활

19세기 중엽 서양 제국들이 아시아로 진출하여 변화를 가져오게 되는데, 우리나라도 천주교 전래와 실학 정신으로 근대 의식의 발전에 큰 진전을 보이게 된다. 서양문화의 수입은 식문화에도 영향을 주었는데 일본과 청나라와의 교류와 함께 식품의 교류도 이루어졌다.

청나라로의 수출품은 인삼과 해삼이었고 수입된 것은 담배와 술이었다. 러시아와도 식품 무역이 이루어졌는데 수출품이 수입품보다 많았으며, 주로 귀리, 조, 두류, 담배, 어류, 어란 등이 수출되었다.

우리나라의 식생활은 외국 유학생의 파견, 신교육에 의한 서양식 교육의 보급, 노예의 세습 폐지, 커피와 홍차의 전래 등의 영향을 받아 변화했다. 1885년 전후로 서양의 기독교 선교사들이 들어오면서 이들에 의해 양반과 서민들이 같이 담소하면서 식사하는 법이 형성되기에 이르렀다.

그 후 일제 강점기에는 일본의 침략으로 서민들이 식량난에 허덕이게 되었다. 식량의 빈곤은 일제 말엽인 1937년 중일 전쟁을 계기로 더 많은 곡물을 공출당함으로써 더욱 심해졌고, 조선 민족은 쌀 대신 옥수수, 귀리, 콩, 감자 등으로 식량을 대신해야 했다. 그러나 이런 가운데서도 서구 문명의 유입은 계속되어서 개화기에 시작된 서양 음식과 식품제조업이 발달하였다. 그리하여 서양식 식사법과 서양 음식의 유입은 자연히 한국의 전통적인 식생활과 이중구조를 형성하기에 이른다. 일제 강점기에는 궁핍한 가운데서도 과자, 술, 청량음료, 식용유, 각종 통조림 등의 서구 식품들이 제조되어 일부 상류층의 식생활에 영향을 주었다.

해방 당시 우리의 식량 사정은 일본의 수탈로 악화된 데다 6·25전쟁으로 인해 심각한 양곡 부족을 겪었는데, 이때 서양의 원조를 받아 서양 음식 문화의 영향을 많이 받게 되었다. 이후 우리 경제가 급성장하여 공업화로 인해 농촌인구가 도시로 유입되고, 대규모로 공업화된 식품 산업으로 전환되면서 설탕, 전분, 밀가루 등과 단맛, 포만감을 주는 탄수화물 가공품의 공업화가 이루어졌다. 그 외 장류, 화학조미료, 분유, 껌, 사이다, 콜라 등 기호식품 산업이 시작되었다. 특히 유제품, 소시지, 대두유 등의 지방, 단백질 함량이 높은 동물성 식품과 커피, 청량음료 등 기호식품의 생산이 크게 늘어났다.

국제적인 행사와 아시안 게임 등으로 패스트푸드가 본격적으로 상륙하고 외식 붐이 일어 식생활 혁신 산업은 빠른 속도로 신장하게 되었다. 1986년 이후 88년 올림픽 등 국제 운동경기의 국내 유치와 국제 규모의 관광 산업은 식품 산업과 외식 산업의 발전을 더욱 가속화하였다. 그리하여 개방 정보화 시대의 도래와 함께 식생활 관련분야에는 "빠르고 간편하게"라는 초고속화 현상이 일어나, 현재는 패스트푸드점 외에 자동 판매기 등 미리 조리된 식품 판매가 증가하는 추세다.

한국 장수 지역의 식생활

2005년 전국 254개 지역의 100세 이상 996명을 대상으로 조사한 결과를 통계청 인구조사를 근거로 하여 인구 10만명 당 100세 이상 인구 수를 산출한 결과 100세 이상 인구가 가장 많은 지역은 함평군(27.7명)으로 나타났다. 이어 전남 구례(24.3명), 전북 장성(16.8명), 전북 순창(15.2명), 전남 강진(13.7명) 순이었는데 이 지역의 특징은 콩과 마늘 섭취가 많았다.

조사를 종합해 본 결과 수질오염의 지표인 생물학적 산소요구량과 대기오염의 지표인 이산화황수치가 낮을수록 100세 이상의 노인이 많은 것으로 나타났다. 또한 금연 등이 장수 비결의 원인으로 밝혀졌으며 상대적으로 개발이 덜 된 지역일수록 100세 이상의 노인이 많이 사는 것으로 조사되었다.

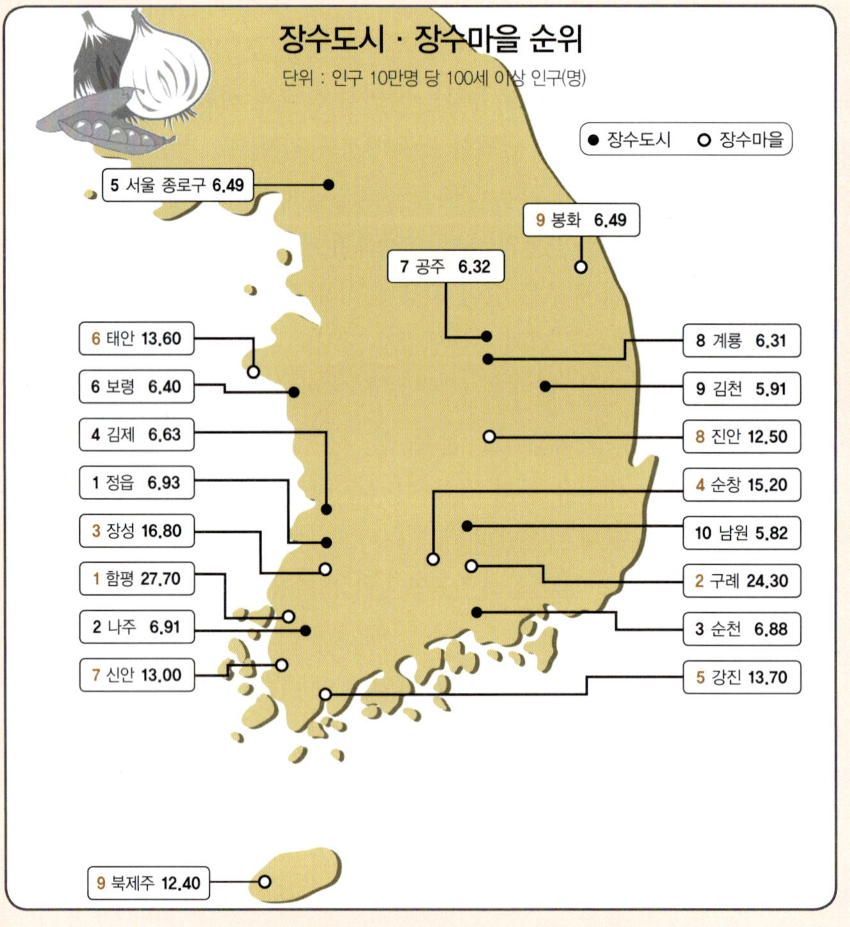

【그림 2-5】 한국의 장수도시와 장수마을 순위

슬로시티와 슬로푸드운동

산업사회 변화로의 급속한 발전은 인간의 삶을 더욱 빠르고 신속하게 변화시키고 아울러 먹을거리도 간편하고 빠르게 만들어 먹기를 요구하고 있다. 그러나 개발을 통해 급성장한 대도시들이 환경 파괴와 인구 밀집에 시달리면서 현대에는 개발만능주의에서 벗어나 자연환경 속에서 자연을 느끼며 그 지역의 먹을거리와 독특한 문화를 경험하고 느끼고 싶어 하는 사람들이 늘어나게 되었다. 이에 슬로시티운동이 1999년 피렌체 남쪽에 위치한 그레베 인 키안티(Greve in Chanti) 등 이탈리아의 4개 소도시에서 처음으로 시작되었다.

슬로시티는 유유자적한 도시, 풍요로운 마을이란 의미의 이탈리아어 치타슬로(citta-slow)의 영어식 표현으로 자연 생태 보호, 전통 문화 보존, 슬로푸드 농법, 지역 특산품 보존 등을 추구하는 삶이다.

2010년 6월 말 현재 전 세계 20개국 135개 도시가 슬로시티에 가입되어 있다. 이들은 현대인들에게 '느림의 미학'을 알리고 마케팅함으로써 슬로시티 주민들의 다양한 소득 창출에 도움을 주며 지속적인 지자체의 성장모델을 제공해주고 있다.

1. 슬로시티

(1) 성공적인 슬로시티 사례

포르투갈의 남부 실브스 지역

중세의 모습을 간직한 성곽 안에 중세의 생활과 모습을 그대로 재현하여 유럽의 많은 관광객들이 불편함을 오히려 즐기면서 이곳을 찾게 되었다. 중세 장터에서 볏짚으로 만든 의자와 투박한 나무 탁자에 앉아 다소 딱딱한 빵과 양념이 덜 된 듯한 음식을 먹고, 걸어서 성곽의 곳곳을 둘러보고 체험하면서 마음의 평화와 위로를 느끼는 프로그램을 실시하고 있다.

스페인 동북부의 베구르 지역

시가지에 자동차가 없고 저녁에는 광장이나 카페에 모여 이야기를 나누면서 느림의 삶을 배운다.

스페인의 팔스(베구르 옆 지역)

로마시대의 유적을 비롯해 300~400년 전 지어진 옛 건물을 그대로 유지하면서, 오리농법으로 재배한 쌀과 인근 바다에서 잡은 생선을 이용한 즉석요리를 파는 재래시장을 활성화하여 좋은 반응을 얻고 있다.

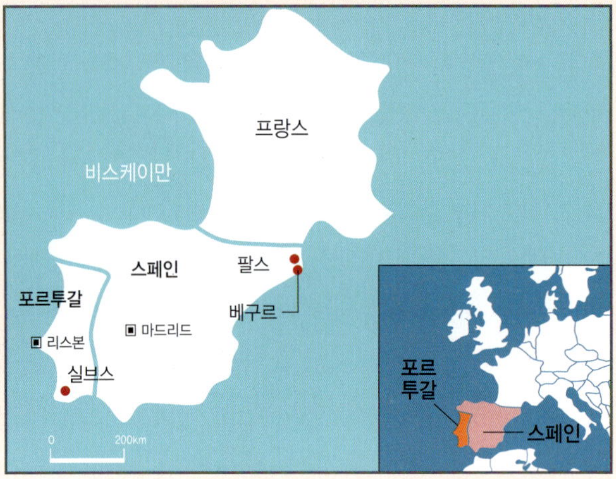

【그림 2-6】 슬로시티 위치 : 스페인 팔스

일본의 유후인 지역

인구 1만 1천명의 소규모 도시로 일본의 전통적인 삶과 자연경관을 아기자기하게 잘 가꾸어 관광자원으로 활용하고 있다.

【그림 2-7】 일본 유후인에서 파는 떡꼬치와 어묵

체코의 텔츠

13~14세기 유럽의 도시지역으로 고딕양식과 르네상스와 바로크양식의 도시이다. 중세시대의 고즈넉한 분위기를 지닌 작은 지역으로서 체코를 방문하는 관광객의 사랑을 받고 있다.

(2) 각국의 슬로시티 지정 상황

2010년 6월 말 현재 슬로시티 현황을 살펴보면 아래와 같다.

국가	슬로시티 수	국가	슬로시티 수	국가	슬로시티 수
이탈리아	68곳	호주	2곳	뉴질랜드	1곳
독일	10곳	오스트리아	3곳	노르웨이	3곳
영국	9곳	벨기에	4곳	폴란드	6곳
스페인	6곳	캐나다	2곳	스웨덴	1곳
포르투갈	4곳	덴마크	1곳	터키	1곳
한국	6곳	프랑스	1곳		
미국	3곳	네덜란드	3곳		

(3) 슬로시티 지정 심사 항목

슬로시티 국제연맹이 심사 항목으로 24개 항목을 심사하여 정하는데

① 인구 5만 이하 지역

② 자연생태계가 철저히 보존된 지역

③ 지역주민이 전통 문화에 대한 자부심을 가지고 있는 곳

④ 대형마트나 패스트푸드점이 없는 곳

⑤ 유기농법에 의한 지역특산물

등이 심사 대상이다.

(4) 한국의 슬로시티운동

한국도 슬로시티운동에 관심을 가지면서 삶의 여유와 건강을 유지하려는 노력을 하고 있다.

전남 신안군 증도면(천일염 · 갯벌체험, 2007년 아시아 최초로 지정됨)의 에코관광과 에코상품을 개발하였는데, 미네랄이 풍부한 소금과 갯벌체험을 통해 세계적으로 희소성이 인정된 지역이다. 또한, 이 지역은 캐나다 동부 해안과 미국 동부 조지안 해안, 아마존강 하구, 북해 연안과 함께 세계 5대 갯벌 중 한 곳인 청정 지역이다. 천일염은 갯벌을 다진 토판에 바닷물을 끌어 들여 최소 25일간 햇볕을 쪼여 생산한다.

경남 하동군의 악양면은 2009년 2월 지정되어 야생차를 중심으로 한 느긋하고 여유로운 삶을 통해 소통하고 화합하는 장소를 제공하고 있다. 또 쌍계사에서는 '산사길 느리게 걷기

대회'와 경내 투어, 하동 녹차체험 등을 주제로 한 국제행사가 2010년 6월 28~29일간 성황리에 열렸다. 청학동에서는 '느린 삶 체험'을 할 수 있고, 화개장터의 주막도 느림의 전통이 남아있는 곳으로 영·호남사람들과 세상 사는 얘기를 나누면서 느린 삶의 여유를 느끼며 체험할 수 있다. 또한 담양의 청평면의 삼지천 마을은 전통 한옥마을로 돌담길과 쌀엿, 전통 장류가 유명하다. 충남 예산군의 대흥면과 응봉면도 돌담길과 예당 저수지 및 그곳에서 나는 민물고기로 만든 어죽이 일품이다.

완도의 청산도에서는 '세계 슬로우 걷기 대회'를 개최하였는데, 유채꽃과 청보리밭을 살려 영화 서편제에 나오는 돌담길을 걸어보는 체험을 할 수 있게 하였다. 장흥군 유치면은 장수풍뎅이로 유명하며, 그 외 무공해 표고버섯과 지렁이마을 생태학습장에서 느린 삶을 체험할 수 있다. 그 외 전주 한옥마을과 제주도 올레길도 슬로시티 추진 중에 있다.

2. 슬로푸드 운동

1986년 이탈리아에서 처음 시작되어서 현재 153개국 10만여 명의 회원이 등록되어 있으며, 역사와 전통이 있는 음식을 발굴하거나 보존하기 위한 운동으로 철학적인 음식 문화 운동이라고도 할 수 있다.

한국에서는 2008년 6월 남양주시가 처음으로 공식 등록하여 활동을 하고 있다. 2010년 가을 남양주시에서 처음으로 슬로푸드대회를 개최하였는데 슬로푸드 창시자인 이탈리아의 카를로 페트리니 회장을 초청하여 행사를 가졌다. 이 행사의 주요 내용으로 우리 전통 쌀막걸리의 역사와 문화적 배경 및 철학적 의미와 막걸리를 맛보는 법과 맛을 구별하는 법, 비빔밥과 우리 떡 만들기 체험, 우리 콩 두부 만들기, 우리 밀 건강빵과 쿠키 등을 만드는 행사, 들풀이나 산채를 이용한 음식 만들기 행사 등이 있었다.

남양주시는 기획재정부로부터 2013년 아시아·오세아니아 슬로푸드 대회 개최를 공식 승인을 받고 2013년 10월 1일부터 6일까지 개최할 예정이다. 이 슬로푸드 국제대회에는 80개국에서 41만 명의 농축산업 관계자와 조리사, 학자 등이 참가할 것으로 예상된다. 이를 계기로 앞으로 한국에서도 더 많은 도시와 사람들이 전통 식품 발굴과 보존에 관심을 가지고 느림의 삶과 슬로푸드를 섭취함으로써 건강과 행복을 추구하게 될 것으로 기대한다.

이와 같이 슬로푸드는 그 지역에서 제철에 나는 식재료를 가지고 전통적인 방법으로 조리하거나 발효와 숙성을 통해 만든 음식을 천천히 여유를 갖고 즐기면서 먹는 음식을 말한다. 그리고 그런 식생활과 삶을 추구하고자 하는 것이 슬로시티운동으로 이러한 변화는 슬로시티국제연맹이 발족하게 된 계기가 되었다.

CHAPTER 03

한국 음식의 상차림

우리나라 전통 상차림은 독상이 기본이다. 밥을 주식으로 하고 이를 먹기 위한 반찬으로 구성되어 있다. 상차림의 종류에는 반상, 면상, 주안상, 다과상 등이 있고 목적에 따라 교자상, 큰상, 돌상, 제상 등으로도 나눈다.

상은 네모반 혹은 원반이 쓰였으며 여름에는 사기 반상기를, 겨울에는 은 반상기나 유기 반상기를 사용하였다. 소나무나 은행나무로 상을 만들었으며 옻칠을 주로 하고 궁중에서는 붉은색 주칠을 하였다.

나주반은 모양이 수수하고 옆의 모서리를 붙여서 만들며, 통영반은 튼튼하고 오늘날에도 사용하는 상으로 모서리를 붙이지 않고 파서 만드는 것이 특징이다.

1. 반상차림

밥을 주식으로 하고 반찬을 부식으로 차리며 아랫사람에게는 밥상, 어른에게는 진지상, 임금에게는 수라상이라 불렀다. 반찬의 수에 따라 3첩, 5첩, 7첩, 9첩, 12첩으로 나누는데 3첩은 서민의 상차림이고 여유가 있는 가정에서는 첩수가 많은 반상을 차렸다. 9첩은 반가의 최고 상차림이었고 12첩은 수라상차림이었다. 여기서 첩이란 밥, 국, 김치, 찌개(조치), 종지

【표 3-1】 반상차림의 원칙

<table>
<tr><th rowspan="2"></th><th colspan="7">기본음식</th><th colspan="10">쟁첩에 담는 음식</th></tr>
<tr><th>밥</th><th>국</th><th>김치</th><th>장류</th><th>찌개</th><th>찜</th><th>전골</th><th>생채</th><th>숙채</th><th>구이</th><th>조림</th><th>전</th><th>장과</th><th>마른찬</th><th>젓갈</th><th>회</th><th>편육</th></tr>
<tr><td>3첩</td><td>1</td><td>1</td><td>1</td><td>1</td><td>×</td><td>×</td><td>×</td><td colspan="2">택 1</td><td colspan="2">택 1</td><td>×</td><td colspan="3">택 1</td><td>×</td><td>×</td></tr>
<tr><td>5첩</td><td>1</td><td>1</td><td>2</td><td>2</td><td>1</td><td>×</td><td>×</td><td colspan="2">택 1</td><td>1</td><td>1</td><td>1</td><td colspan="3">택 1</td><td>×</td><td>×</td></tr>
<tr><td>7첩</td><td>1</td><td>1</td><td>2</td><td>3</td><td>2</td><td colspan="2">택 1</td><td>1</td><td>1</td><td>1</td><td>1</td><td>1</td><td colspan="3">택 1</td><td colspan="2">택 1</td></tr>
<tr><td>9첩</td><td>1</td><td>1</td><td>3</td><td>3</td><td>2</td><td>1</td><td>1</td><td>1</td><td>1</td><td>1</td><td>1</td><td>1</td><td>1</td><td>1</td><td>1</td><td colspan="2">택 1</td></tr>
</table>

(간장, 고추장, 초고추장)를 제외한 쟁첩에 담는 반찬의 수를 말한다.

반상차림의 규범을 【표 3-1】에 제시하였다.

(1) 3첩 반상

밥, 국, 김치, 장 외에 세 가지 반찬을 차리는 반상차림이다.

- 첩수에 들어가지 않는 음식 : 밥, 국, 김치, 장
- 첩수에 들어가는 음식 : 나물(생채 또는 숙채), 구이 또는 조림, 마른반찬이나 장과 또는 젓갈 중 한 가지를 택한다.

【그림 3-1】 3첩 반상(봄)

1. 율무밥
2. 냉이조개국
3. 간장
4. 돼지고기삼겹살양념구이
5. 물쑥나물
6. 대구알젓무침
7. 나박김치
8. 배추김치

【그림 3-2】 3첩 반상(여름)

1. 현미밥
2. 근대토장국
3. 간장
4. 병어조림
5. 가지양념구이
6. 오이나물
7. 나박김치
8. 배추겉절이

【그림 3-3】 3첩 반상(가을)

1. 밤밥
2. 콩나물국
3. 간장
4. 박나물
5. 무장아찌
6. 삼치구이
7. 총각김치
8. 배추김치

【그림 3-4】 3첩 반상(겨울)

1. 흰밥
2. 배추속대국
3. 간장
4. 김구이
5. 무나물
6. 어리굴젓
7. 동치미
8. 배추김치

(2) 5첩 반상

밥, 국, 김치, 장, 찌개 외에 다섯 가지 반찬을 차리는 상차림이다.

- 첩수에 들어가는 음식 : 나물(생채 또는 숙채), 구이, 조림, 전, 마른반찬이나 장과 또는 젓갈 중에서 한 가지를 택한다.

【그림 3-5】 5첩 반상(봄)

1. 완두콩밥
2. 애탕
3. 초간장
4. 간장
5. 두릅산적
6. 탕평채
7. 삼색 대구포무침
8. 굴깍두기
9. 나박김치
10. 우엉장아찌
11. 섭산적
12. 생선찌개

【그림 3-6】 5첩 반상(여름)

1. 보리밥
2. 육개장
3. 간장
4. 초간장
5. 염통구이
6. 풋고추전
7. 대구포무침
8. 애호박눈썹나물
9. 오이통장과
10. 열무김치
11. 배추김치
12. 맛살찌개

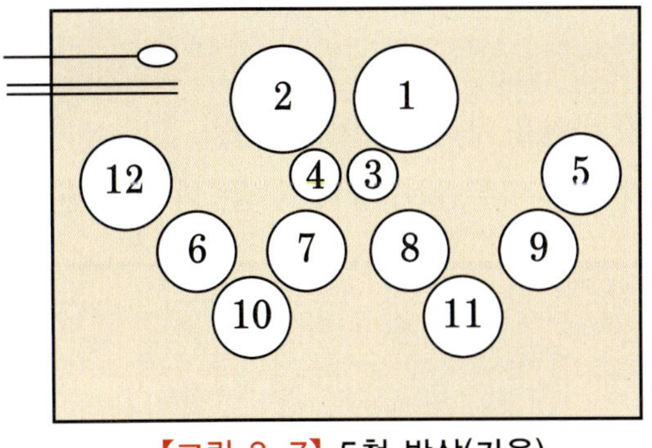

【그림 3-7】 5첩 반상(가을)

1. 풋콩밥
2. 토란탕
3. 간장
4. 초간장
5. 홍합초
6. 송이산적
7. 갈치구이
8. 무나물
9. 다시마튀각
10. 나박김치
11. 배추김치
12. 우럭찌개

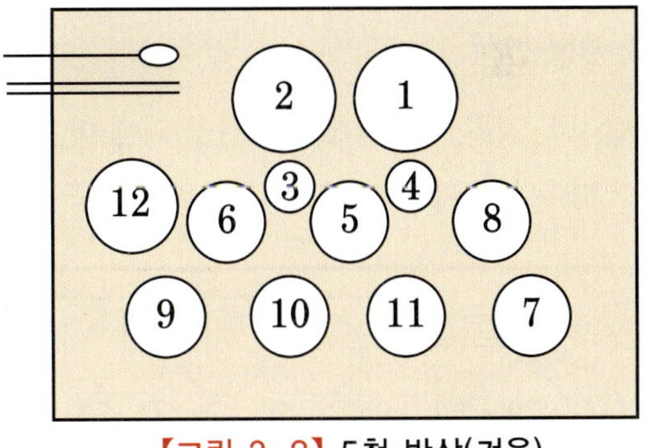

【그림 3-8】 5첩 반상(겨울)

1. 차조밥
2. 시금치국
3. 간장
4. 초간장
5. 무생채
6. 정어리구이
7. 가자미식해
8. 숙주나물
9. 간전
10. 수삼나박지
11. 깍두기
12. 맛살찌개

(3) 7첩 반상

밥, 국, 김치, 찌개, 찜 또는 전골 외에 일곱 가지 반찬을 차린다.

- 첩수에 들어가는 음식: 생채, 숙채, 구이, 조림, 전, 마른반찬이나 장과 또는 젓갈 중에서 한 가지, 회 또는 편육 중에서 한 가지를 택한다.

【그림 3-9】 7첩 반상(봄)

1. 강낭콩밥
2. 아욱국(보리새우)
3. 간장
4. 초고추장
5. 초간장
6. 닭날개찜
7. 굴비장아찌
8. 두릅회
9. 죽순나물
10. 약산적
11. 대합구이
12. 더덕생채
13. 열무김치
14. 깍두기
15. 각색전
16. 애호박젓국찌개
17. 꽃게고추장찌개

【그림 3-10】 7첩 반상(겨울)

1. 팥밥
2. 콩나물국
3. 간장
4. 초고추장
5. 초간장
6. 장조림
7. 암치포
8. 시금치나물
9. 청어구이
10. 새모시조개숙회
11. 맛살전
12. 물미역무침
13. 배추김치
14. 동치미
15. 굴깍두기
16. 생태찌개
17. 늙은호박찌개
18. 떡찜

(4) 9첩 반상

밥, 국, 김치, 장, 찌개, 찜, 전골 외에 아홉 가지 반찬을 차리는 상차림이다.

- 첩수에 들어가는 음식: 생채, 숙채, 구이, 조림, 전, 마른반찬, 장과, 젓갈, 회 또는 편육

【그림 3-11】 9첩 반상(봄)

1. 밥
2. 국
3. 휘건(냅킨)
4. 숙채
5. 생채
6. 간장
7. 초간장
8. 구이
9. 마른반찬
10. 젓갈
11. 편육
12. 장아찌
13. 장아찌
14. 전
15. 깍두기
16. 배추김치
17. 물김치
18. 찜
19. 빈 접시
20. 찌개
21. 찌개
22. 전골
23. 찜

(5) 12첩 반상

밥, 국, 김치, 장, 찌개, 찜, 전골 외에 열두 가지 반찬을 내며 궁중에서 차린 임금님의 수라상차림이다.

- 첩수에 들어가는 음식: 생채, 숙채, 구이 두 종류(찬 구이, 더운 구이), 조림, 전, 마른반찬, 장과, 젓갈, 회, 편육, 별찬

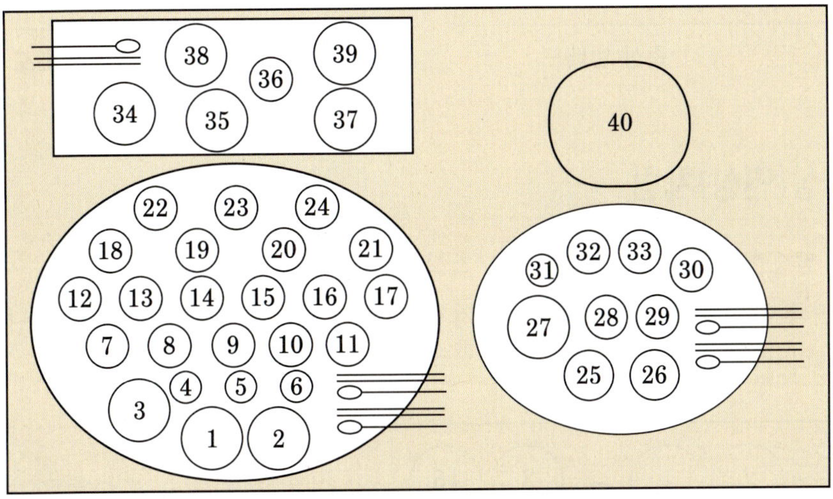

【그림 3-12】 12첩 반상(여름)

1. 밥	11. 별찬	21. 찜	31. 종지뚜껑
2. 맑은 국	12. 숙채	22. 깍두기	32. 쟁첩뚜껑
3. 토구	13. 생채	23. 배추김치	33. 쟁첩뚜껑
4. 초간장	14. 더운 구이	24. 물김치	34. 뚜껑
5. 겨자집	15. 전유어	25. 홍반(팥밥)	35. 달걀
6. 간장	16. 조치	26. 곰국	36. 간장
7. 조림	17. 조치	27. 숭늉	37. 여러 가지 채소
8. 편육	18. 장과	28. 빈 접시	38. 육수
9. 회	19. 마른반찬	29. 빈 접시	39. 고기
10. 찬 구이	20. 젓갈	30. 뚜껑	40. 전골틀

2. 죽상차림

응이, 미음, 죽 등의 상차림으로 여기에 동치미나 나박김치와 젓국찌개, 마른반찬(북어보푸라기, 어포) 등으로 차린다. 죽은 쌀을 그대로 쑨 옹근죽과 쌀알을 완전히 갈아서 쑨 무리죽, 쌀알을 대충 갈아서 끓인 원미죽이 있다.

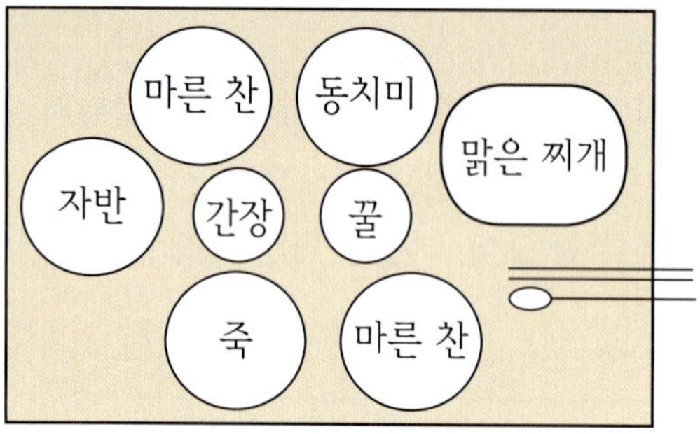

【그림 3-13】 죽상 반배도

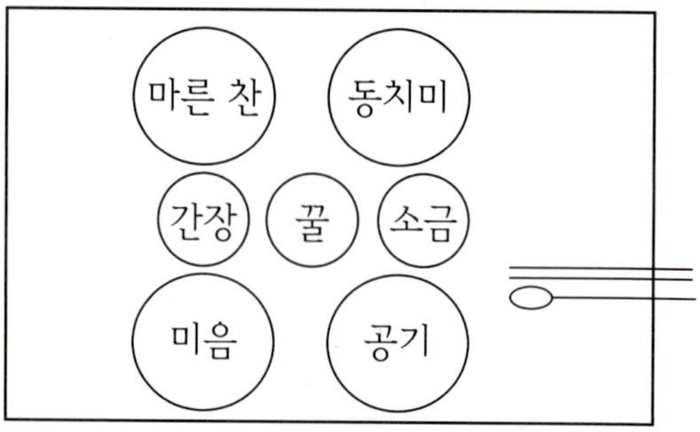

【그림 3-14】 미음상 반배도

3. 장국상(면상)차림

국수를 주식으로 하여 차리는 상으로 점심에 주로 많이 이용한다. 주식으로 온면, 냉면, 만둣국, 떡국 등을 차리고 부식으로 찜, 겨자채, 편육, 전, 배추김치, 나박김치, 나물, 잡채, 전 등을 낸다.

1. 국수장국
2. 사태찜
3. 배숙
4. 간장
5. 송이산적
6. 약식
7. 각색전
8. 나박김치
9. 겨자채
10. 양지머리편육
11. 유밀과, 강정
12. 숙실과
   (생란, 율란, 조란)
13. 정과
   (연근, 모과, 행인, 동아)
14. 국화꽃전
15. 과일
   (포도, 생률, 배)

【그림 3-15】 면상차림(가을)

【그림 3-16】 국수장국

CHAPTER 04

궁중의 식생활

1. 궁중의 일상식

"대궐에서 왕족의 식사는 고래로 하루에 다섯 번이다."라고 「영조실록」에 적혀 있으나 왕의 인생관에 따라 사치스럽게 차리기도 하고 반대로 검소한 경우도 있는데 영조는 오식(五食)과 야식을 줄여 하루 3회로 하였다고 한다. 궁중에서는 평상시에 이른 아침의 초조반과 조반 · 석반, 두 번의 수라상 그리고 점심때 차리는 낮것상과 밤중에 차리는 야참이 있어 하루에 다섯 번 식사를 한다. 야참에는 면, 약식, 식혜 또는 우유죽을 올렸다.

현재 전해지는 수라상은 한말 궁중의 상궁들과 왕손들의 구전에 의한 것으로 조선시대 전반에 걸친 수라상차림인지는 알 수 없다.

현재 궁중 음식은 중요무형문화재 38호로 지정되어 있다.

(1) 수라상

'수라' 라는 말은 고려 말 몽고와 부마국이던 시대에 몽고어에서 전해진 말이다. 수라를 드시는 것을 '수라를 젓수신다' 고 높여서 표현한다. 밥과 찬품으로 구성된다. 찬품단자와 기명을 정리하면 【표 4-1】과 같다.

1) 상과 기명

① 기명은 겨울에는 은 반상기를, 여름에는 사기 반상기를 쓰며 수저는 1년 내내 은수저를 사용한다.

② 상에 올리는 그릇들은 모두 같은 문양과 같은 재질로 된 것을 사용한다.

③ 상은 붉은 색의 주칠을 한 대원반과 소원반 그리고 책상반 세 개를 동시에 차린다.

④ 전골을 끓이기 위해 화로와 전골틀을 준비한다.

【표 4-1】 수라상의 찬품단자와 기명

궁중의 음식명		일반의 음식명	기명
기본 음식 : 밥과 탕, 그리고 기본 찬			
① 수라	흰밥, 팥밥 두 가지	밥 · 진지	수라상 · 주발
② 탕	미역국, 곰탕 두 가지	국	탕기 · 갱기
③ 조치	토장조치, 젓국조치 두 가지 육류 생선	찌개	조치보 · 뚝배기
④ 찜	채소 찜이나 선	찜	조반기 · 합
⑤ 전골	화로와 전골틀을 준비하여 곁반에서 만들어 대접함		전골틀 · 합 · 종지 · 화로
⑥ 김치	젓국지 · 송송이 · 동치미 또는 나박김치의 세 가지 김치	배추김치 · 깍두기 · 동치미	김치보
⑦ 장류	청장 · 초장 · 겨자집	장 · 초장 · 초고추장	종지
찬품 : 12가지 찬품			
① 더운 구이	육류 · 어류의 구이나 적	구이 · 산적 · 누름적	쟁첩
② 찬 구이	김 · 더덕 등 채소 구이	구이	쟁첩
③ 전유화	육류 · 어류 · 채소의 전	전유어 · 저냐 · 전	쟁첩
④ 숙육	삶은 육류를 얇게 썬 것	편육	쟁첩
⑤ 숙채	익혀서 조리한 채소 음식	나물	쟁첩
⑥ 생채	날로 무친 채소 음식	생채	쟁첩
⑦ 조리개	육류 · 어류 · 채소류의 조림	조림	쟁첩
⑧ 장과	채소류의 장아찌나 갑장과	장아찌	쟁첩
⑨ 젓갈	어패류의 젓갈	젓갈	쟁첩
⑩ 마른반찬	포 · 자반 · 튀각 등의 마른반찬	포 · 자반 · 튀각	쟁첩
⑪ 회	육회 · 어류의 생회 · 숙회	회	쟁첩
⑫ 별찬	수란 또는 다른 별찬		쟁첩
⑬ 차수	차수	숭늉	다관 · 대접

2) 반배법

① 대원반 앞줄의 오른쪽에 국, 왼쪽에 수라를 놓는다. 곁상에 놓은 홍반(붉은팥 찰밥)과 곰국은 왕이 원하면 백반(흰밥)과 곽탕(미역국)을 내리고 바꾸어 놓는다.

② 대원반의 오른쪽에 수저를 두 벌 놓는데 국을 내리고 숭늉을 올릴 때 한 벌을 내린다. 곁반의 수저 세 벌은 기미 상궁이 기미하거나 음식을 빈 그릇에 덜 때 쓰고 책상반의 수저는 전골을 끓일 때 사용한다.

③ 청장, 초고추장, 겨자집 등은 밥과 국의 바로 다음 줄에 놓는다.

④ 대체로 더운 음식과 회, 김구이 또는 국물이 있는 국, 찌개, 물김치 등은 오른쪽에 놓는다.

⑤ 찜, 구이, 회, 수란은 곁상에 두었다가 적절한 때에 대원반에 올린다.

⑥ 젓갈, 밑반찬은 상의 왼편에 놓는다.

⑦ 토구(비아통)는 뚜껑이 달린 오목한 그릇으로 뼈나 가시 등을 넣는 것이며, 대원반 왼편 끝에 놓는다.

3) 수라상의 예법

① 왕은 동쪽, 왕비는 서쪽에서 따로 독상을 받는데 수라상을 다 차린 후에 왕이나 왕비를 납시도록 한다. 각각 독상으로 차리며 온돌방에서 받는데 여름에는 대청에서 받기도 한다.

② 수라상궁은 쟁첩의 뚜껑을 두 손으로 차례로 벗긴 후 겹쳐서 소원반에 내려놓고, 그릇에 음식을 덜어 기미한 후(검식) "젓수십시오."라는 말을 드린다.

③ 음식을 드시기 전에 휘건을 두르고 협자로 고정시킨다. 휘건은 얇은 연분홍 모시나 흰 무명 수건으로 사방 60cm 정도의 크기로 만든 것이며 냅킨과 같다.

④ 전골은 뜨겁게 마련하여 공기에 덜어서 드린다.

⑤ 수라상은 퇴선간으로 나가는데 수라를 드신 후 물린 찬물은 다른 그릇에 담아 밥을 새로 지어서 지밀나인들이 다음 끼니로 하였다고 한다.

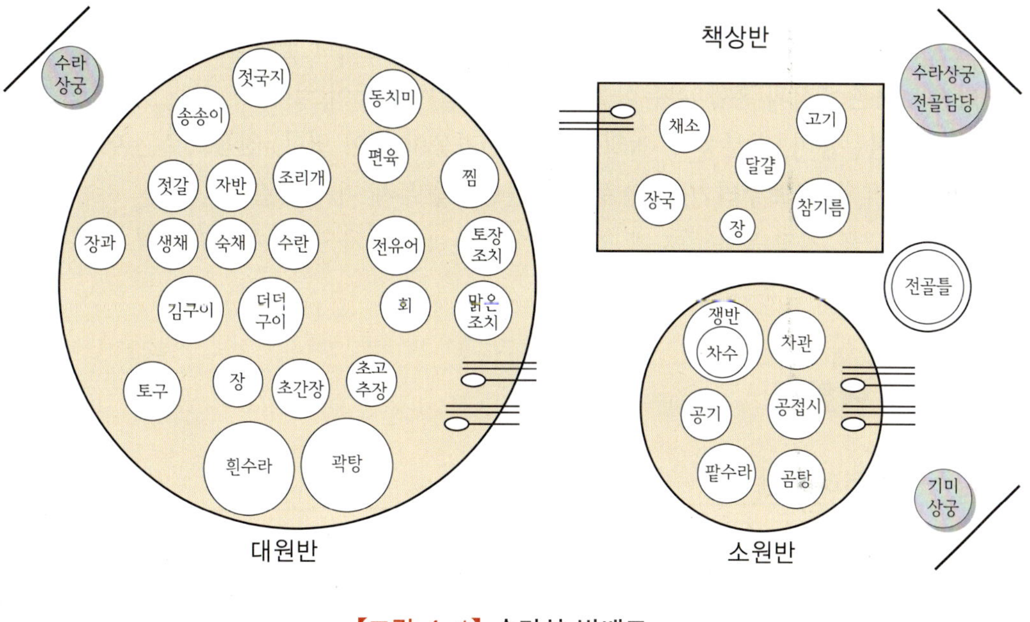

【그림 4-1】 수라상 반배도

(2) 낮것상

점심은 낮것이라 하여 평소에는 응이, 미음, 죽 등의 유동식이나 간단한 다과상을 차려서 올린다. 왕가의 친척이나 손님들이 점심시간에 방문할 때는 국수장국이나 다과상을 차려서 대접한다.

(3) 면상

탄일이나 명절에는 면상인 장국상을 차려서 손님들을 대접한다. 진찬이나 진연 등 궁중의 큰 잔치 때는 병과와 생실과 및 여러 가지 찬물을 고루 갖추어 높이 고이는 고임상(고배상)을 차리고 임매상을 따로 차린다. 면상에는 장과, 젓갈, 마른찬 등을 놓지 않으며 김치는 국물이 많은 나박김치, 장김치, 동치미 등을 놓는다.

(4) 초조반

궁중에서 아침 수라는 10시경이기 때문에 보약을 올리지 않는 날에는 유동식으로 보양이 되는 국, 응이, 미음 등을 이른 아침에 올린다. 초조반 또는 자릿조반이라 하고 죽으로 잣죽, 흰죽, 낙죽(우유죽), 깨죽, 흑임자죽, 행인죽을 올린다.

미음은 차조, 인삼, 대추, 황률 등을 고아 밭친 차조 미음이나 멥쌀밥을 고아서 밭친 곡정수, 찹쌀과 마른 해삼과 홍합, 우둔살을 함께 곤 삼합미음 등이 있다.

응이에는 율무응이, 갈분응이, 녹말응이, 오미자응이 등이 있다. 찬품으로는 어포, 육포, 암치 보푸라기, 북어 보푸라기, 자반 등의 마른반찬을 두세 가지 차린다.

그 외 소금, 꿀, 청장 등을 종지에 담는다. 김치는 나박김치, 동치미와 맑은 조치(소금이나 새우젓국으로 간을 맞춘 찌개)를 올린다.

2. 궁중의 연회식

(1) 궁중의 진연과 진찬

궁중에는 일 년 내내 특별한 행사가 빈번하였는데 연례적인 행사인 정월, 단오, 추석, 동지 등의 명절과 왕족의 탄일 등 경사가 있으면 진연례를 올렸다. 궁중에 잔치가 있으면 진연도감이라는 전담관을 임명하여 의식 전반을 계획하고 실시한다.

잔치의 규모나 의식 절차에 따라 진연(進宴), 진찬(進饌), 진작(進爵), 수작 등으로 나누는데, 진찬은 나라에 행사가 있을 때 차리는 상차림으로 진연보다 규모가 크고 의식이 복잡하다. 이러한 의례를 거행하는 모든 절차를 기록한 책을 '의례'라 하여 「진연의례」, 「진찬의례」, 「진작의례」 등이 남아 있다. 잔칫날은 왕족, 종친, 제신, 관원, 군사에 이르기까지 상을 차려 대접하는데 규모에는 차이가 있다. 진연 때 임금님께 올리는 상을 어상이라 한다.

어상에 고였던 고배음식은 퇴선 후 종친과 신하들에게 몇 가지를 온채로 싸서 가자(架子 - 음식을 나르는 데 쓰는 들것으로 가마처럼 교군이 앞뒤에서 메고 간다)에 실어 궁 밖으로 교군을 시켜 하사하였다. 이 절차는 궁중음식이 사대부와 양반가에 영향을 주어 음식이 서로 교류되는 계기가 되었다.

(2) 음식발기(찬품단자)

찬품단자는 한상에 차리거나 한 번에 차리는 음식 전 품목 또는 한 끼에 대접하는 음식을 모아서 두루마리 종이에 적은 것이다. 좋은 한지에 궁체로 쓰여 있는데 상을 받으시는 분에 따라 발기를 적은 종이의 색을 구별한다. 대왕 대비전은 황색, 대전은 홍색, 중궁전은 청색, 대원군은 보라색, 세자는 주황색, 세자빈은 녹색을 쓴다. 찬품단자는 두 치 정도의 폭으로 두루마리로 말아서 같은 색의 봉투에 넣고, 겉봉에 받으실 분의 이름을 써서 주칠함에 담아 음식을 올리기 전에 먼저 올린다.

(3) 궁중의 조리인

궁중의 살림은 중전의 총괄하에 각 궁에 상궁을 배치하고 각 처소에 분담하여 거행한다.

도청나인 중 소주방 나인과 생과방 나인이 음식을 담당한다. 나인은 7, 8세 또는 12, 13세에 궁 안에 들어와서 머리에 새앙을 매고 새앙 위에 도투락처럼 자주댕기를 네 가닥으로 맨다. 궁중에서 나인을 뽑을 때는 외모보다는 똑똑한지를 보았다고 한다. 입궁한 지 15년이 되면 날을 받아 관례를 치러 신랑 없는 혼인을 함으로써 임금님께 시집간 격이 된다. 관례가 끝나면 어른이 되었으므로 첩지머리에 쪽을 찌고 살게 된다. 그로부터 15년이 지나면 임금으로부터 상궁직첩을 받는다.

수라간은 소주방이라고도 하며 안 소주방과 밖 소주방으로 나눈다. 안 소주방은 왕과 왕비의 조석 수라상을 관장하며 주식에 따르는 각종 찬품을 준비하고 생과방에선 간식, 낮것, 야참 등을 준비한다. 밖 소주방은 크고 작은 잔치 음식을 준비하는 곳으로 궐내의 대소 잔치는 물론 윗분의 탄일에 잔치상을 차리고 차례, 고사 등도 담당한다. 또 왕자녀의 백일, 탄일에는 백설기를 시루떡으로 쪄서 궁내의 각 궁과 종친과 외척에 돌리는 일도 담당하였다.

신참 궁녀들은 섣달 그믐날 불놀이 비슷한 행사를 하였다. 밀떡을 입에 물린 다음 그 위에 수건을 접어 양쪽에서 삼실로 끈을 달아서 마스크처럼 귀에 걸게 하고, 긴 바지랑대 끝에 횃

불을 붙여 궁녀들에게 입을 지지는 시늉을 하면서 말조심을 일깨웠는데, 이 행사에는 잡귀를 몰아낸다는 주술적 의미도 있었다고 한다.

(4) 조선시대 왕들의 건강관리

조선시대 왕들의 건강과 사망원인을 분석한 조사를 보면 27명의 왕 중 질병 없이 건강했던 왕들은 없었으며 평균수명은 47세로 나타났다. 가장 흔한 사망 원인의 질병은 손을 잘 씻지 않는 데서 오는 종기였는데 이 종기로 승하한 왕은 문종, 성종, 효종, 중종, 순종이 있다. 당대 가장 좋은 환경에서 살았던 왕들도 불결한 환경과 비위생 관념에서 벗어날 수가 없었던 것 같다.

그 외 세종대왕과 숙종은 당뇨병으로, 태조, 정종, 태종은 뇌출혈로, 연산군, 현종, 경종은 전염병으로 사망하였다. 조선시대 왕들의 수명이 짧았던 이유를 종합해보면 영양과다섭취와 운동부족, 과로가 꼽혔는데 이는 현대인의 질병과 그 원인이 일치하였다. 특히 세종대왕은 젊은 시절 육류 없이는 식사를 못할 정도로 육식을 좋아하였고 사냥이나 운동을 싫어해서 비만 체구였다고 한다. 그리하여 35세에 심한 당뇨병을 앓아 건강이 좋지 않았다고 전한다. 한편 영조는 92세까지 장수하였는데, 영조의 장수 비결은 어린 시절 대궐 밖에서 자란 경험이 있어 침실 안에 화려하고 몸을 편하게 하는 물건을 두지 않는 검소한 생활과 인삼 보양법이라고 한다.

CHAPTER 05 한국 식생활 문화의 특징

1. 한국 식생활 문화의 특징

(1) 일상식과 의례 음식의 구분이 있음

일상식은 곡류를 위주로 한 주식과 채소류, 어패류, 콩류, 수조육류를 중심으로 한 부식으로 뚜렷이 구분되는 식사 형태를 갖는다. 특히 김치와 젓갈, 장류를 고유의 전통음식으로 하는 식사 형태를 취하고 있다. 반면에 의례 음식은 특별한 날(혼례, 연례, 제례)에 차리는 상차림으로 일상식과 전연 다른 구조인데 밥 대신 국수류, 떡류, 과정류, 주류, 음청류 등이 동등한 위치에서 차려지는 상차림이다.

떡은 축하와 기원의 뜻을 담아 준비하고 곡물에 꿀을 넣은 과정류와 술과 음청류(식혜, 수정과 등)를 준비하여 상을 차린다.

(2) 절식의 풍습과 저장 식품의 다양함

농경 의례, 민간신앙, 민족 오락을 배경으로 절식의 풍습이 있었고 시식이라 하여 계절의 특미를 맛보는 풍습이 있다. 또한 각 계절에 많이 나는 식품을 가정에서 말리거나 가공하여 비축하는 것이 주부들의 중요한 연중행사였다.

(3) 숟가락과 식기의 발달

국이나 국물을 마시는 식품이 발달하여 숟가락의 발달을 가져왔다. 중국은 원나라 때까지 숟가락과 젓가락을 세트로 사용하였으나 그 후 젓가락 위주의 식생활로 변했다. 일본도 나라 시대와 헤이안 시대까지는 숟가락과 젓가락을 함께 사용하였으나 가마쿠라 시대에 와서 숟가락이 탈락하고 젓가락만 사용하게 되었다. 그러나 한국은 국물이 있는 음식을 좋아하여 숟가락 사용이 오늘날까지 이어져오고 있다.

숟가락의 모양도 삼국시대부터 오늘날까지 변화, 발전하면서 실용성과 예술성을 겸비한 숟가락이 탄생하게 되었다.

식기는 고구려 벽화에 나타난 것을 보면 삼국시대까지는 받침대를 가진 것이 많았으나 고려와 조선시대에 굽이 없어지면서 좌식 상차림이 정착하게 되었다. 상류층의 식기는 상감이나 그림이 정교하였고 서민의 식기는 대부분 민요(民窯)에서 구운 것으로 그림이 없는 것이었다.

【그림 5-1】 백제 무령왕릉의 수저(6세기)

(4) 식생활의 이중 구조

한국의 음식은 담백미와 조화미로 나눌 수 있는데 고추 전래를 기준으로 그 이전의 음식은 담백하고 그 이후는 매운맛이 어우러진 조화미로 볼 수 있다. 이 맛이 오늘날까지 조화를 이루면서 병존하고 있다. 또 상층과 하층, 남성식과 여성식으로 구분된다. 즉 가부장적 제도로 남자 위주의 사랑방 상차림을 특히 중요하게 여기는 풍습이 있다.

(5) 구강성과 즉흥성

우리는 슬플 때나 기쁠 때 같이 먹고 마시면서 그 기분을 해결하려는 경향이 강한 민족으로 이것을 하나의 식문화적 특징으로 볼 수 있다. 또 식사나 술자리를 마련할 때 계획적이 아니라 즉흥적으로 자리를 마련하는 경우가 많다.

(6) 만복감을 가져야 하는 식습관

서민층에서는 그저 배부르게 먹는 데 주력했다는 기록이 고려 때 보이는 것으로 보아 고려 때부터 이러한 식사 풍습이 시작된 것 같다. 이 풍습은 현재까지도 이어져오는 경향이 있어 손님을 초대할 때 많은 양의 음식을 차려서 대접하는 경우가 많다. 이것은 오늘날 음식물 쓰레기 문제도 야기하므로 점차 고쳐 나가야 할 문화라고 생각된다.

(7) 모양보다 맛을 위주로 함

음식을 만들 때 모양보다는 그 재료 자체의 맛을 으뜸으로 하고, 그릇에 푸짐하게 담는 습관이 있다.

CHAPTER 06

통과의례와 상차림

통과의례란 사람이 태어나서 생을 마칠 때까지 지나게 되는 몇 고비의 의례를 말하는 것으로 여기에는 규범화된 의식과 음식이 있다. 각 의례 음식에는 의례의 의미를 상징하는 특별한 양식이 있다.

동양 문화권에서는 인륜지대사라 하여 사례(四禮)를 매우 중요하게 여겼는데 사례란 관례, 혼례, 상례, 제례를 말한다. 의례 가운데 길한 일은 출생, 돌, 관례, 혼례, 회갑례, 회혼례가 있고 궂은 일은 상례와 제례가 있다.

1. 출생

아기가 태어나면 특상의 쌀로 흰밥을 짓고 수북이 세 그릇을 푼다. 그리고 긴 미역(장곽)으로 소 미역국을 끓여 세 그릇 떠서 삼신상에 차려놓고, 감사하며 장수를 빈다.

한편 산모에게도 똑같이 차려서 첫 국밥을 먹인다. 이것을 삼칠일까지 먹는다. 삼칠일이 되면 금줄을 떼어내고 외부인의 출입을 허용한다. 가족과 친지들이 찾아와서 아기의 탄생을 축하하고 산모의 노고를 치하한다.

2. 백일

아기가 출생한 지 백일이 되면 친척은 물론 이웃 사람들을 초청하고 백일을 넘긴 데 대한 감사와 함께 건강하게 자라기를 기원하는 뜻으로 상을 차린다.

'백'이라는 숫자에는 '완전', '성숙' 등의 의미가 있는데 이 완성된 단계를 무사히 잘 넘겼음을 축하하는 것이다. 백일상은 흰쌀밥과 고기를 넣은 미역국, 푸른색의 나물, 백설기, 붉은 팥고물 찰수수경단, 오색 송편 등으로 차린다. 백일 떡은 백 사람에게 나누어 주어야

명(命)을 사서 오래 산다고 하여 많은 사람들에게 나누어 주기도 한다. 백설기는 '기원' 의 뜻이 있으며 붉은 팥고물 찰수수경단은 액을 면한다는 의미가 내포되어 있다. 백일 떡은 두루 나누어 먹었으며 받은 떡은 자기 집 그릇에 옮겨 담고 빈 그릇을 씻지 않고 돌려주어야 아기에게 좋다고 하여 그냥 돌려주는데, 이때 실이나 돈을 담아 답례로 주기도 한다.

3. 첫돌

아기가 태어난 지 만 1년이 되면 자축과 축복을 겸한 잔치를 베푼다.

돌상에는 음식과 각종 물건을 차려놓는데 남아와 여아가 약간 다르다. 공통적으로 백설기, 수수팥단자, 쌀, 국수, 과일, 돈, 대추, 종이, 붓과 먹 등을 놓으며 남아는 천자문과 활과 화살을 놓고 여아에게는 천자문 대신 국문을 놓고 활과 화살 대신에 색지, 실패, 자 등을 놓아준다. 무명필을 접어 방석 삼아 아기를 앉히고, 가족과 친지들이 모여서 아기가 잡는 것에 따라 아기의 장래를 점치며 복을 받기를 기원한다.

돌복은 남아에게는 색동저고리, 풍차바지를 입히고 복건을 씌우며, 여아에게는 색동저고리와 다홍치마를 입히고 조바위를 씌운다. 근래에 와서는 남녀 구별 없이 모두에게 색동저고리를 입히고 깃 · 고름 · 끝동에 금박을 하여 더욱 화려하게 한다.

첫돌은 생활이 넉넉지 않은 서민에서부터 궁중에 이르기까지 반드시 차려서 경축하는 풍속이 있어 오늘날에도 돌잔치를 하고 있다.

돌상에 놓는 물건

쌀 : 식복을 기원
면 : 장수를 기원
대추 : 자손의 번영을 기원
흰 타래실 : 면과 같이 장수를 기원
청 · 홍색 타래실 : 장수와 함께 앞으로 금실이 좋기를 기원
붓, 먹, 벼루, 책 : 문운(文運)을 기원
활 : 무운(武運)을 기원
돈 : 부귀와 영화를 기원

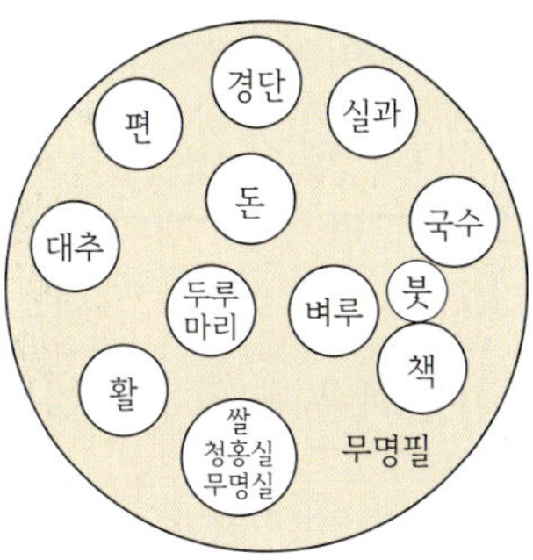

【그림 6-1】 남아의 돌상차림

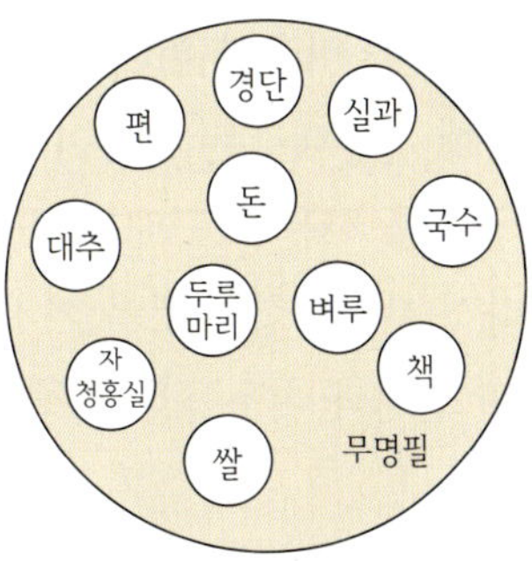

【그림 6-2】 여아의 돌상차림

4. 혼례

성장하여 성인이 되면 부부의 연을 맺게 되는데 부부의 연을 맺는 의식을 혼례라 한다.

혼례 음식은 봉채떡, 교배상, 폐백, 큰상 등으로 대별된다. 절차는 혼의, 납채, 납폐, 친영(혼인예식)의 네 가지 절차를 밟아야 한다.

(1) 절차

정혼을 하려면 어른들이 혼인할 것을 동의하는데, 이를 혼의라 한다.

납채는 신랑이 신부집의 청혼에 대하여 허혼을 감사한다는 편지를 보내고, 신부집에서 택일을 하여 회신하는 것이다. 납채를 함으로써 정혼이 된다.

납폐(봉치라고도 함)는 신랑집에서 함에 채단과 납폐문(혼서지)을 넣어 함진아비에게 지워 보내는 일을 말한다. 신부집에서는 대청에 상을 놓고 홍보자기를 펴서 떡시루를 올려놓고 기다린다. 함이 도착하면 손으로 직접 받지 않고 상 위에 올려놓았다가 방으로 들여간다. 오늘날에는 보통 혼인식을 올리기 한 달 전에서 일주일 사이에 날을 정하고 저녁에 신부집에 함을 보낸다.

친영은 신랑이 신부를 맞이해 온다는 뜻으로 혼례에서 가장 중요한 절차이다.

혼례식 순서는 초례, 대례, 교배, 합근례의 순으로 진행된다.

초례청에서 행하는 초례는 안대청이나 안마당에 차리는데, 절차는 먼저 신부와 신랑이 상견례를 한다. 이때 붉은색의 다리가 높고 큰 상을 대청이나 마당에 놓고 신랑은 서쪽에서 동향을 보고 서고 신부는 동쪽에서 서향을 향한다. 신랑이 먼저 큰절을 하고 이어서 신부가 큰절을 한다. 이 절하는 의식을 교배라 하고 이때 가운데 놓는 상을 교배상이라 한다.

교배상에는 대개 촛불을 밝힌 한 쌍의 촛대, 송죽(松竹) 가지를 꽂은 꽃병 두 개, 닭 한 쌍, 백미 두 그릇, 술과 잔, 밤, 대추, 은행 등을 놓는다. 불을 밝힌 촛대는 혼례를 해가 저물 때 치르던 예전에 재물을 비추기 위해 올리던 것이 오늘날까지 이어져 오고 있다. 또 송죽은 절개를 뜻하며, 은행, 밤, 대추는 자손이 번성하기를 기원하는 의미가 있다.

다음에는 합근례를 하는데 근배는 둥근 쪽박을 반으로 잘라서 두 개의 잔으로 만든 것으로, 음양을 본따서 부부화합의 뜻을 가진다.

대례가 끝나면 친척과 이웃들을 초청하여 국수로 잔치를 베푼다. 국수는 길이길이 잘 살라는 뜻이다.

【그림 6-3】 전통혼례상 : 교배상(한국민속촌)

【그림 6-4】 전통혼례식(한국민속촌)

(2) 봉치떡(봉채떡)

납폐 의식을 행하면서 혼서와 채단이 담긴 함을 받을 때 신부집에서 만드는 떡으로 찹쌀 3되와 붉은 팥 1되로 시루에 2켜만 안치고 위켜 중앙에 대추 7개를 둥글게 놓아 함이 들어올 시간에 맞추어 찐 찹쌀시루떡이다. 찹쌀은 부부금실이 찰떡처럼 화목하게 잘 합쳐지라는 뜻, 붉은 팥고물은 액을 면하라는 뜻이며, 7개의 대추는 아들 7형제를 의미하고 떡을 2켜로 하는 것은 부부 한 쌍을 뜻한다. 봉채떡은 신부의 밥그릇으로 잘라 신부에게 제일 먼저 먹이는데 이것은 아들 낳기를 기원하는 풍습이다.

【그림 6-5】 봉치떡

(3) 폐백

신부가 시부모를 비롯한 시댁의 여러 친척에게 인사 드리는 예를 행할 때 신부 측에서 폐백 음식과 이바지 음식을 준비한다. 지역에 따라 다소 다르나 서울에서는 청주, 대추, 쇠고기로 만든 편포를 가지고 가고 지역에서는 편포 대신 폐백닭을 가지고 간다.

폐백을 드리면 시어머니는 대추와 생률을 신부 치마폭에 던져주면서 "아들, 딸 많이 낳아서 잘 길러라."라고 덕담을 한다. 시조부모님이 생존해 계셔도 폐백은 시부모님께 먼저 하며 그 다음에 백숙부 내외분, 시삼촌, 시고모 순으로 한다.

폐백은 청 · 홍색 겹보자기로 쟁반째 싸는데 포는 청색이, 대추는 홍색이 겉으로 나오게 싸며 네 귀를 매지 않고 근봉대라고 하여 종이를 오려서 붙이고 청 · 홍 보자기의 네 귀를 올려서 모아 끼운다. 요즘은 따로 구절판에 안주되는 음식을 마련하기도 한다.

이바지음식은 신부집이나 신랑집에서 큰상을 차렸다가 함께 온 후행이나 상객이 돌아갈 때에 음식을 싸서 보내는 풍습이다.

요즘도 신부집에서 신랑집에 음식을 보내는 풍습이 아직 남아 있다. 이 풍습은 지역에 따라 다소 차이가 있는데 경상도에서는 신랑집에서 함을 보낼 때, 또는 신랑 · 신부 양측에서 혼례 전날 또는 당일에 혼인 음식을 서로 주고 받기도 한다.

5. 제례

돌아가신 분의 기일에 제사를 지내고, 정월 초하루와 추석에는 차례를 지내면서 조상의 은덕을 기리고 추모한다. 제례 음식과 진설법은 지역이나 가풍에 따라 조금씩 차이가 있다.

제상은 신위를 모실 위치에 병풍을 치고 제상의 왼쪽은 남자, 오른쪽은 여자분을 모신다. 신위를 모신 쪽을 북쪽으로 간주하고 제주가 있는 쪽은 남쪽이 되며 오른쪽은 동쪽, 왼쪽은 서쪽으로 한다. 제상 차릴 때의 주의 사항으로, 과일 중 복숭아(털이 있는 과일은 귀신을 쫓는다고 믿음), 꽁치 · 갈치 등 '치' 자로 끝나는 생선, 잉어나 붕어(두꺼운 비늘이 있는 생선), 고춧가루 등 붉은 양념, 마늘 등 향이 강한 양념은 쓰지 않는다.

(1) 제수의 종류

일반적으로 차리는 제물은 술과 과일(생과, 건과), 포(육포, 어포)가 기본이다.

① 젯메와 갱: 밥과 국

② 삼탕: 소탕, 어탕, 육탕

③ 삼적: 소적, 육적, 어적

④ 침채: 동치미, 나박김치

⑤ 장: 청장, 초장

⑥ 포: 북어포, 건대구포, 건문어, 건전복, 암치, 육포 등

⑦ 유과: 산자, 강정 등

⑧ 다식: 각종 다식

⑨ 전: 육전, 어전, 소전

⑩ 실과: 각종 생과, 밤, 대추, 곶감 등

⑪ 제주: 청주 ⑫ 혜: 식혜를 건더기만 담아 냄

(2) 제수 진설법

① 신위 바로 앞인 제1열 중앙에 시접(수저를 놓는 그릇), 잔반(술잔과 잔 받침), 초첩(식초)을 놓는다. 이때 잔반은 시접 서쪽에, 초첩은 동쪽에 놓는다.
제1열에 메와 갱을 올린다. 메는 서쪽, 갱은 동쪽에 놓는다.

② 제2열에 면(국수), 편(떡), 편청(떡을 찍어 먹는 꿀)을 올린다. 이때 면은 서쪽에, 편은 동쪽에 놓고 그 가운데에 탕을 놓는다. 편은 시루떡을 쓰고 어탕은 북어, 다시마, 두부로 만들며 육탕은 쇠고기와 무로, 봉탕은 닭고기로 끓인다.

③ 제3열에 전과 초장을 올린다. 전을 놓을 때는 어동육서로 생선전은 동쪽, 고기전은 서쪽에 놓고 가운데 적을 놓는다. 또 생선의 경우 두동미서로 머리는 동쪽, 꼬리는 서쪽을 향하게 놓는다. 전은 보통 전보다 크게 지져낸다.

④ 제4열에 포, 혜(식혜), 나물, 김치 등을 놓는다.

⑤ 제5열에 과일과 조과를 놓는다. 이때 홍동백서라 하여 붉은 과일은(사과, 대추, 감) 동쪽, 흰색 과일(밤, 배)은 서쪽에 놓는다. 또는 조율이시라 하여 대추, 밤, 배, 감 순으로 놓기도 한다.

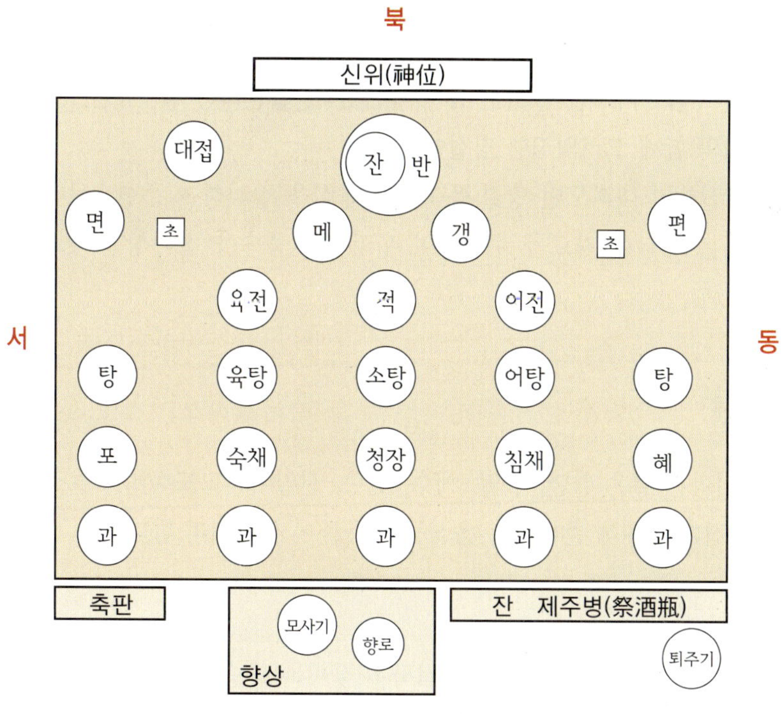

【그림 6-6】 제상 진설의 예

CHAPTER 07 절식과 시식

우리 조상들은 일 년을 통해 명절 때마다 해먹는 음식이 있었으며 춘하추동 계절에 따라 나는 새로운 재료로 음식을 만들어 먹었다. 절식은 다달이 끼어 있는 명절 음식이고 시식은 제철 식품으로 만든 음식을 통틀어 말한다.

고대 부족국가의 제천의식으로 부여의 영고, 고구려의 시월 동맹, 마한의 오월과 시월의 제천의례 등이 있었고 삼국 시대에도 이것이 전승되었으며 신라의 경우 정월대보름, 가배, 수리 등이 있다.

고려시대에는 산천제와 조상제가 거행되었고, 팔관회나 연등회의 내용은 상고시대의 제천의례와 마찬가지로 음주가무를 즐기는 축제 행사였다. 팔관회는 설, 상원, 한식, 상사, 단오, 추석, 중구, 동지와 함께 고려의 9대 명절이었다.

조선시대에는 전해져 내려오던 명절 풍속이나 음식을 정리하여 문헌으로 펴냈는데, 그 중에 「동국세시기」는 풍부한 자료를 수집하여 우리 세시풍속을 집대성한 것으로 오늘날까지 이를 계승하고 있다.

1. 설날 음식

일 년의 시작이라는 설은 원단, 월일, 세수, 년수, 신일이라고도 한다. 설날에 차리는 차례상과 세배 손님 접대를 위해 준비하는 음식들을 통틀어 세찬이라 한다.

(1) 떡국

최남선의 「조선상식」에 따르면 설날에 떡국을 끓이는 풍습은 흰색의 음식으로 새해를 시작함으로써 천지 만물의 부활과 신생을 기원하는 종교적 의미가 있다고 한다.

떡국을 끓일 때 예전에는 꿩고기를 많이 썼으나 지금은 쇠고기나 닭고기를 쓴다. 고깃국물은 미리 양지머리를 고아서 덩어리는 편육으로 이용하고, 양념한 국물은 가래떡을 썰어 넣어 끓인다.

개성 지역에서는 가래떡을 가늘게 밀어 나무칼로 도토리만큼씩 잘라서 조랭이 모양의 떡을 만들어 끓이는데, 이것을 조랭이 떡국이라 한다.

(2) 만둣국

북쪽 지역에서는 만둣국을 끓여 먹거나 삶아서 초장에 찍어 먹는다. 만두소는 쇠고기, 돼지머리를 다지고, 김치는 속을 털어 내고 곱게 다져 넣는다. 두부는 물기를 짜서 넣고 숙주나물도 데쳐 넣어 빚는다.

(3) 세주

설날에 술을 준비하였는데 정초에 마시던 술을 특히 도소주라 하였다. 정월 초하룻날에 술을 마시면 1년간 사기(邪氣)를 없애 오래 살 수 있다고 생각하여 신라시대 때부터 마신 것으로 추측된다.

2. 대보름 음식

음력 정월 대보름은 신라시대부터 내려온 명절로 정월 14일 저녁에는 오곡밥과 묵은 나물을 먹는다. 달을 보면 일 년의 운이 좋다고 하여 달맞이를 하고, 서울에서는 답교 놀이를 한다. 농경 국가에서는 달이 차지하는 비중이 매우 큰데 대보름이 그 대표적인 예이다.

대보름 음식으로 오곡밥과 묵은 나물, 약식, 귀밝이술, 부럼, 복쌈, 원소병 등이 있다.

(1) 약밥(약식)

약밥의 유래는 「삼국유사」에 적혀 있다. 신라 소지왕 10년 정월 보름날 왕이 천천정으로 거동을 하셨는데, 난데없이 까마귀가 경고문을 전하고 날아가므로 즉시 환궁해서 역모하는 무리들을 제거하여 무사할 수 있었다고 한다. 이로 인하여 상원일을 오기일(烏忌日)이라 정하고 약밥을 지어 까마귀에게 제사를 지냈다는 기록이 있다.

「동국세시기」에 "약밥은 찹쌀을 쪄서 대추, 밤, 참기름, 꿀, 간장 등을 섞어 함께 찌고 잣을 박은 것을 약밥이라고 한다. 이것은 대보름날의 음식이다. 이는 신라의 옛 풍속이다."라고 기록되어 있다.

우리나라는 꿀을 약이라 하여 꿀밥을 약반이라고 한다.

(2) 오곡밥

오곡밥의 기원은 확실치 않으나 약밥은 사치스러운 음식이라 서민들은 먹기가 어려웠으므로 오곡밥을 지어서 이웃과 나누어 먹은 듯하다. 대보름에는 다른 성(姓)을 가진 세 집 이상의 밥을 먹어야 그해의 운이 좋다고 여겨 서로 나누어 먹었던 풍습이 있다.

(3) 묵은 나물(진채식)

말려두었던 호박고지, 말린버섯, 가지, 고사리, 고비, 시래기, 가지, 외고지 등으로 나물을 한다. 이것을 먹으면 그해 여름에 더위를 타지 않는다고 전해진다.

【그림 7-1】 진채식(묵은 나물)

(4) 복쌈

김이나 참취 등으로 밥을 싸서 먹는 것을 복쌈이라 하였다. 밥을 싸는 것은 복을 싸는 것에 비유한다.

(5) 부럼

이른 새벽에 눈을 뜨는 대로 생밤, 호두, 잣, 은행, 땅콩 등을 깨물어 먹지 않고 내던지며 "부럼이요."라고 말한다. 이렇게 하면 일 년 내내 무사하고 부스럼이나 종기가 나지 않는다고 전해진다.

(6) 귀밝이술

대보름날 새벽에 데우지 않은 청주를 한 잔씩 나누어 마시면 귀가 밝아지고 정신도 맑아진다고 하여 귀밝이술이라고 한다. 또 일 년 내내 기쁜 소식만 전해 들으라는 기원의 뜻도 있으며, 정초의 도소주와 함께 제화초복(除禍招福)의 뜻을 지닌다.

3. 단오음식

5월 초닷새를 단오, 수릿날, 중오절, 천중절이라 하고 일 년 중 가장 양기가 왕성한 날이라고 해서 큰 명절로 여겼다. 특히 북쪽으로 갈수록 단오절이 성하고 남쪽으로 갈수록 추석을 중요시하는 특징이 있다.

단옷날 오시(五矢)에 쑥과 익모초를 뜯어 응달에서 말려 일 년 내내 묘약으로 썼다. 부녀자들은 창포 뿌리를 머리에 꽂거나 창포 삶은 물에 머리를 감았다.

수리취떡도 해 먹었으며 고려시대 「목은집」에 의하면 창포주가 단오 절식이었음을 알 수 있다. 조선시대에는 궁에서 내의원이 제호탕을 만들어 임금님께 진상하였다.

(1) 수리취떡(차륜병)

수리취를 데쳐서 쌀가루 찐 것에 섞어 잘 찧어 차바퀴 모양의 떡살로 문양을 낸 절편이다.

단옷날을 수릿날이라고도 하는데 '수리'는 우리말의 수레를 의미하기도 한다.

쑥을 데쳐서 넣은 떡을 애엽고라고 한다.

(2) 제호탕

단오절부터 여름 내내 시원한 냉수에 타서 마시는 약이자 청량음료이다.

오매(烏梅), 축사, 백단향, 사향, 사인 등을 곱게 갈아 꿀을 넣어 중탕으로 달여서 응고 상태로 항아리에 담아 놓고, 필요할 때 냉수에 몇 숟가락씩 적당히 타서 마신다.

4. 삼복음식

초복과 중복, 말복을 합하여 삼복이라 한다. 하지 후 셋째 경일(慶日)을 초복, 넷째 경일을 중복, 입추 후 첫 경일을 말복이라 한다.

「지봉유설」(1613)에 "복날은 양기에 눌려 음기가 엎드리는 날"이라고 했으니 모든 사람이 더위에 지쳐 있을 때이다. 보신의 목적으로 개장국, 육개장, 삼계탕, 영계찜 등을 먹는다.

(1) 복죽(팥죽)

붉은팥과 쌀로 죽을 쑤어 먹으며 더위를 이기는 음식으로 삼았는데, 이것은 열병을 예방한다는 주술적인 의미도 있다.

(2) 개장국

개장국을 먹는 풍습은 진나라 때 개를 잡아서 대문에 매달아 액을 막는 주술로 삼았던 것에서 이 풍습이 전해진 것이다. 우리나라에서는 개를 삶아서 파, 들깻잎 등의 채소와 고춧가루를 넣은 매운 양념을 하여 먹었다. 한의원에서는 개고기를 먹으면 양기를 돋우고 허함을 보충한다고 한다.

(3) 육개장

개고기가 식성에 맞지 않는 사람이나 양반들은 쇠고기를 맵게 조미하여 땀을 흘리며 먹는다.

(4) 삼계탕

영계나 오계(검은 영계)에 백삼, 황기, 대추 등을 넣어 푹 고아 만든다. 혹은 영계에 찹쌀, 백삼, 마늘, 대추 등을 넣어서 고아 먹기도 한다.

5. 추석(한가위) 음식

음력 8월 보름으로 우리나라의 큰 명절 중 하나이다.

1년 농사를 수확하는 계절이어서 햇곡식과 햇과일이 풍성하다. 신도주(新稻酒)와 오려송편 및 햇과일과 여러 제물을 준비하여 조상에 차례를 지내고 이웃과 서로 나누어 먹는 풍습이 있다. 넉넉지 못한 민가에서도 쌀로 술을 빚고 닭을 잡아 반찬을 만들었다. 술은 다양하지만 주로 동동주였다. 남쪽 지역에서는 강강술래를 부르며 춤을 춘다.

【그림 7-2】 송편

(1) 오려 송편

햅쌀로 만든 송편을 오려 송편이라고 한다. 멥쌀가루를 익반죽하여 햇녹두, 청대콩, 깨, 팥 등을 넣고 송편을 빚는다. 찔 때 솔잎을 켜켜이 깔고 찌기 때문에 송편이라 하는데 자연스럽게 솔잎 자국이 나면서 향이 좋다. 송편소로는 거피팥, 햇녹두, 깨, 청대콩, 햇밤 등이 있다.

(2) 토란탕

토란은 추석에 나오기 시작하며, 흙 속의 알이라 하여 토란이라고 하고 잎이 연잎처럼 퍼졌다 하여 토련이라고도 한다. 토란탕은 껍질 벗긴 토란을 소금을 넣은 쌀뜨물에 살짝 삶아 찬물에 헹군 후 다시마와 양지머리를 푹 곤 국물에 넣고 삶아 끓인 맑은 장국이다.

【그림 7-3】 토란탕

(3) 누름적

도라지, 햇버섯, 고기 등을 꼬치에 꿰어 화양적을 만들거나 밀가루 옷을 입혀서 지짐누름적을 만든다.

(4) 닭찜

닭이 살이 올라 맛있는 시기이므로 닭찜을 한다.

6. 동지 음식

음력 11월을 '동짓달' 이라고 부르는데 민간에서는 '작은설' 이라 하였다. 동지부터 낮이 다시 길어지기 때문에 고대인들은 태양이 죽음으로부터 부활한다고 믿고 축제를 벌여 신에게 제사를 올렸다. 중국 주(周)나라에서 동지를 설로 삼은 것은 이날을 생명력과 광명의 부활하는 날이라고 생각했기 때문이다.

(1) 팥죽

붉은 햇팥을 푹 고아 거르고 찹쌀가루를 반죽하여 새알 모양의 단자를 만들어 넣어 끓인 죽이다. 이것을 새알심이라 부른다. 끓인 팥죽은 먼저 사당에 올리고 각방과 장독, 마루, 광 등에 갖다 놓았다가 먹는다. 이 풍습도 붉은 팥죽이 잡귀를 없애 준다는 데서 유래하였다.

CHAPTER 08 각 지역의 향토음식

한반도는 좁은 국토이나 동서남북의 지세와 기후 조건이 매우 달라 그 고장에서 나는 산물에 특징이 있으며 이로 인한 그 지역 고유의 음식이 생겨나게 되었다. 또 고대의 부족국가에서 삼국시대까지는 각각의 영토가 분명히 있었고, 그 후 고려와 조선시대에 와서도 각 도읍을 중심으로 한 지역의 문화와 생활 여건의 차이로 인해 각 지역 고유의 음식 문화가 정착되어 오늘날까지 이어져 오고 있다. 각 도별 특색 있는 음식을 살펴보기로 한다.

1. 서울 음식

서울은 자체에서 나는 산물은 적으나 전국 각지에서 나오는 여러 가지 재료가 모이므로 이것들을 이용한 음식은 사치스럽고 화려하다. 왕족과 양반 계급이 많이 살던 곳이라 격식이 까다롭고 모양을 중시하며, 의례적인 것도 중요시한다.

음식 분량은 적으나 가짓수가 많고 간은 중간 정도로 맵지도 짜지도 않게 한다. 대표적인 서울 음식으로는 설렁탕, 장국밥, 비빔국수, 국수장국, 메밀국수, 떡국, 편수, 잣죽, 생치만두, 육개장, 추어탕, 탕평채, 너비아니, 갑회, 신선로, 구절판, 도미찜, 도미국수, 각색편, 약식, 각색전과, 각색다식, 오미자화채, 앵두화채, 각종 차류가 있다.

(1) 설렁탕

조선시대에는 매년 2월 상재일에 선농단(先農壇)에서 농사가 잘 되기를 기원하며 소를 잡아 큰 가마솥에 넣어 국을 끓이고 쌀과 기장으로 밥을 지어서 국에 말아 농부들과 구경 나온 사람들에게 대접하였는데, 이것을 선농탕이라 하고 여기서 설렁탕이 유래되었다고 한다.

설렁탕은 사골과 도가니, 양지머리, 또는 사태를 넣고 우설, 허파, 지라 등과 잡육을 뼈째 모두 한 솥에 넣고 끓인다. 곰탕과 설렁탕은 요새는 명확한 구별이 없어지고 있으나 이 둘

사이에는 약간의 차이가 있다. 곰탕은 설렁탕에 비해 소의 내장 중 곱창, 양, 곤자소니 등을 많이 넣고 다시마를 넣어 끓이며 국물이 진하고 기름진 반면, 설렁탕은 곰탕보다 뼈를 많이 넣어 국물이 뽀얗다. 또 설렁탕은 먹는 사람이 소금과 파를 넣고 간을 맞추어 먹지만 곰탕은 국을 끓일 때 간장으로 간을 미리 맞추어서 낸다. 요즈음은 둘 다 소금으로 간을 맞추어 먹는다.

(2) 탕평채

청포묵 무침으로, 정조 때 탕평책을 논하면서 만들어졌다고 하여 이 이름을 붙였다. 볶은 쇠고기와 숙주, 미나리 등을 합하여 초장으로 무친 음식으로 색이 화려하다.

(3) 신선로

이 음식은 모여 앉아 회식하는 데 아주 적당하다. 신선로는 돼지고기, 생선, 꿩, 홍합, 해삼, 소의 양과 간, 대구, 국수, 고기, 만두 등을 돌려 담고 파, 마늘, 토란 등을 고루 섞어 놓은 다음 맑은 장국을 붓고 끓인다. 건더기는 젓가락으로 먹고 국물은 숟가락으로 떠먹는다.

【그림 8-1】 신선로

2. 경기도 음식

논농사와 밭농사가 고루 발달하여 곡류와 채소가 풍부하고 산간에서는 산채와 버섯도 고루 난다.

옛 고려의 수도였던 개성 지역의 음식은 사치스러운 편으로 정성을 많이 들이고, 재료가 다양하고 숙련된 조리 기술을 필요로 하는 음식이 많다. 그러나 개성 이외 지역의 음식은 대체로 수수하다.

흰밥보다 찰밥, 팥밥 등 잡곡밥이나 오곡밥을 즐겨 먹고 국수는 제물 칼국수, 메밀 칼국수, 수제비 등 국물이 걸쭉하고 구수한 음식이 많다. 경기도에서는 특히 떡을 잘 만드는데 시루떡, 절편, 수수부꾸미, 쑥개떡, 여주산병, 가평의 메밀 빙떡 등이 유명하다. 또 강화의 인삼정과와 수삼차, 여주의 땅콩 엿강정, 연천의 율무차가 유명하고 개성약과, 개성경단, 우메기(개성주악), 모과화채, 노란장미화채, 배화채 등이 알려져 있다.

(1) 쇠갈비구이

수원의 쇠갈비구이는 조선시대부터 생긴 쇠전에 전국의 소가 모여 들면서 불갈비집들이 생겨나고부터 유명해졌다.

(2) 조랭이 떡국

흰 가래떡을 대나무 칼로 밀어 누에고치 모양으로 만들어 육수에 넣어 끓여 먹는 정월 떡국이다. 누에는 길(吉)함을 나타낸다고 한다.

(3) 개성모약과

밀가루에 참기름과 술, 생강즙, 소금 등을 넣고 반죽하여 밀어서 네모지게 썰어 기름에 튀긴 다음 즙청한 약과이다.

【그림 8-2】 개성모약과

(4) 우메기(개성주악)

찹쌀가루와 밀가루를 섞어 막걸리로 반죽하여 둥글게 빚은 다음 기름에 튀겨 조청에 즙청한다.

(5) 개성 보쌈김치

배추를 밑동만 남기고 잘라 배춧잎을 절이고, 무와 배추 줄기, 미나리, 갓, 파, 마늘, 생강, 밤, 배, 대추, 낙지, 전복, 석이버섯, 고춧가루를 조기 젓국으로 버무려 절인 배춧잎에 넣어 싸서 익힌다. 보통 김치보다 빨리 익고 화려한 김치이다.

3. 충청도 음식

충청북도 지역은 내륙이라 신선한 생선을 구하기가 힘들어 자반 생선이나 건어물을 주로 이용하였다. 산간지역에서는 산채와 버섯이 많이 나기 때문에 이것으로 만든 음식이 유명하다. 반면에 충청남도는 서해안을 접하고 있어 해산물이 풍부하여 굴이나 조갯살을 넣어 끓인 날떡국이나 칼국수가 유명하다. 또한 죽이나 호박범벅 등을 자주 하는 편이다.

국은 토장국을 즐겨먹고 된장찌개, 청국장찌개, 젓국찌개도 자주 끓인다. 그 외 장떡, 참죽나물 등이 있다. 음식은 사치스럽지 않고 양념도 많이 쓰지 않으며 구수하고 소박하다.

(1) 호박범벅

잘 익은 늙은 호박, 고구마, 팥, 강낭콩, 차조 등을 넣어 푹 익힌 음식으로 주식과 간식을 겸할 수 있다.

(2) 새뱅이 찌개

호박, 쑥갓, 미나리를 썰어 넣고 살짝 끓인 후 고추장과 막장을 거른 국물에 무를 넉넉히 넣는다. 간장과 소금으로 간을 한 후 새뱅이는 마지막에 넣고 끓인다.

【그림 8-3】 새뱅이 찌개

(3) 올갱이국

맑고 얕은 개천에서 잡히는 민물 다슬기를 삶아 건져 속을 뺀 후 여기에 된장과 고추장을 풀어 넣고 부추나 우거지, 대파, 아욱 등 채소를 넣어 끓인다.

【그림 8-4】 올갱이국

(4) 굴냉국

굴이 많이 나는 서산 지역에서 만들어 먹던 음식으로, 굴을 파, 마늘, 간장으로 무친 후 동치미 국물을 넣고 식초, 고춧가루로 간을 하는 냉국이다.

(5) 소백산 산채 비빔쌈밥

느타리버섯, 도토리묵, 더덕, 표고버섯, 도라지, 고사리를 갖은 양념으로 무친다. 그릇에 밥을 담고 무친 재료들을 돌려 담은 후 고추장을 넣어 비빈다. 그 다음 신선한 산채에 쌈장을 곁들여 쌈을 싸서 먹는다.

(6) 산 더덕구이

산 더덕을 씻어 껍질을 벗긴 후 방망이로 자근자근 두들기고, 갖은 양념을 한 고추장을 발라 석쇠나 프라이팬에 구워 낸다. 이것을 깻잎으로 돌돌 말아 담는다.

4. 강원도 음식

강원도 음식에는 감자, 메밀, 옥수수와 도토리, 칡 등으로 만든 것이 많으며 동해안에서 나는 다시마와 미역은 질이 매우 좋다. 또 산채와 표고, 석이, 송이버섯 등이 많이 나고 특히 송이버섯은 양양에서 나는 것이 으뜸이다. 또 동해안에서 나는 명란젓과 창란젓도 맛있다.

(1) 감자 부침

날감자를 강판에 갈고 파, 부추, 고추 등을 넣어 번철에 부친다.

(2) 메밀 막국수

현재는 춘천 막국수로 더 알려져 있으나 원래는 인제, 원통, 양구 등의 산촌에서 더 많이 먹던 메밀로 만든 국수이다. 고춧가루, 파, 마늘, 무생채, 참기름, 동치미 썬 것, 돼지고기 편육을 국수 위에 얹는다.

(3) 총떡

번철에 기름을 두르고 메밀가루를 묽게 풀어서 얇고 둥글게 부친 후, 전병이 익기 전에 배추김치와 돼지고기를 함께 무친 것이나 무생채에 맵게 간을 하여 만든 소를 넣고 돌돌 말면서 익힌다.

【그림 8-5】 메밀 총떡

(4) 서더리 김치

소금에 절인 명태 아가미와 고춧물을 들인 무를 함께 버무려 익힌 김치로 맛이 독특하고 시원하다.

5. 경상도 음식

경상도는 남해와 동해에 좋은 어장이 있어 해산물이 풍부하고, 낙동강을 따라 기름진 농토가 많아 농산물도 넉넉하다. 음식은 대체로 맵고 간이 센 편으로 칼칼하고 감칠맛이 있다. 음식은 사치스럽지 않고 소담하게 만들며, 방아 잎과 산초를 넣어 독특한 향을 내는 것이 특징이다.

국수를 만들 때는 날콩가루를 섞어 반죽하고 멸치나 조개 국물로 맛을 낸다.

아귀찜, 미더덕찜, 장어조림, 파전, 돔찜, 영덕게찜, 생선식해, 미나리찜, 배추전, 장떡 등이 유명하고 다른 지역보다 된장을 많이 먹는다. 그 외 안동식혜, 유자화채, 잡곡 미숫가루가 있다.

(1) 미더덕찜

미더덕을 여러 재료와 함께 매운 양념을 하여 끓이다가 찹쌀풀을 넣는다.

(2) 아귀찜

아귀는 흉하게 생겼으나 살은 희고 담백하며 꼬들꼬들하여 찜을 해 먹는다. 토막 낸 아귀를 콩나물과 미나리를 넣고 아주 맵게 양념하여 만든다. 아귀는 12~3월이 제철이며 아귀찜은 마산의 명물로 알려져 있다. 아귀를 꾸덕꾸덕하게 말린 후 콩나물을 넣고, 매운 고춧가루를 풀고 미더덕을 넣어 끓이다가 쌀가루를 풀어서 걸쭉하게 익힌다.

(3) 안동식혜

안동은 전통 문화가 많이 남아 있는 곳으로 음식도 품위와 절도가 있다. 특히 안동식혜가 유명하다.

【그림 8-6】 안동식혜

찹쌀을 쪄서 따뜻할 때 나박나박 잘게 썬 무와 곱게 채 썬 생강, 엿기름 내린 물을 섞어서 버무린다. 고춧가루를 결이 고운 헝겊에 싸서 동여매어 고춧물을 만들고 엿기름물에 넣는다. 이것을 오지항아리에 담아 아랫목에 놓아두고 하룻밤을 지낸 후 밥알과 다른 건더기가 삭아서 위에 동동 뜨면 다 된 것으로, 먹을 때 채 썬 배와 잣을 띄워 낸다. 이 식혜는 매운 맛이 있어 칼칼하고 시원하며, 기침과 감기에 즉효가 있다고 한다.

(4) 헛제삿밥

안동을 중심으로 진주, 경주에서도 이름이 나 있는 음식이다. 일부러 제사 지낸 음식처럼 만든다 하여 붙은 이름이며, 마늘, 파, 고춧가루 등의 양념을 넣지 않고 소금, 간장, 깨소금, 참기름만으로 간을 하여 만든 담백한 음식이다. 상어적과 탕을 함께 차린다.

(5) 동래파전

파와 미나리, 조개, 굴, 홍합 등을 함께 넣고 부친 음식이다. 파를 기름 두른 번철에 나란히 놓고 미나리, 조개, 굴, 홍합을 얹은 후 쌀가루와 찹쌀가루를 묽게 푼 반죽을 얹어서 두툼하게 지진다.

6. 전라도 음식

전라도는 음식에 정성을 특히 많이 들이는 것이 특징으로, 특히 전주, 광주, 해남 등에 부유한 양반들이 많아 가문의 좋은 음식이 대대로 전수되는 풍류와 맛의 고장으로 알려져 있다.

음식은 간이 세고, 젓갈류와 고춧가루 양념을 많이 하여 맵고 짜며 자극적이다. 또 발효음식과 젓갈류가 많으며, 순창 고추장은 예로부터 유명하다.

장아찌도 여러 종류를 담그며 홍어회, 산낙지회, 장어구이, 붕어조림, 꼬막무침 등이 있고 잔치나 손님상에는 꼭 홍어를 낸다. 전주의 콩나물은 맛있기로 유명한데 전주 콩나물밥은 콩나물을 주재료로 한 음식이고 전주비빔밥도 콩나물이 주재료이다.

호남평야가 넓게 퍼져있어 농산물이 풍부하고 쌀농사가 잘되어 각종 떡도 많다. 모시풀편, 수리취떡, 호박고지떡, 감인절미, 감단자 등이 있고 유과, 동아정과 등도 있다.

(1) 전주비빔밥

갖가지 나물과 고기 등 20여 가지의 재료가 들어간 비빔밥으로, 밥을 지을 때 양지머리 육수를 부어 짓고 뜸이 들 무렵 콩나물을 넣어 밥에서 올라온 김에 살짝 데친 다음 솥 속에서 섞는다. 여기에 묵은 간장과 고추장, 참기름을 넣고 맨 위에 육회를 얹는다. 이른 봄에는 청포묵, 초여름에는 쑥갓, 늦가을에는 고춧잎이나 깻잎 등을 넣어 계절의 맛을 즐긴다.

전주비빔밥의 특색은 정성 들여 기른 콩나물과 오래 묵은 간장과 고추장이다. 상에 낼 때는 콩나물국을 곁들여 낸다.

【그림 8-7】 전주비빔밥

(2) 전주 콩나물밥

콩나물국에 밥을 넣고 끓여 새우젓으로 간을 맞춘 뜨거운 국밥이다. 이른 아침 해장국으로 인기가 높다.

(3) 홍어 어시묵

홍어는 흑산도산이 좋은데, 껍질을 벗겨 꾸덕꾸덕하게 말린 다음 양념을 발라 찌는 음식으로 비린내가 없고 맛이 담백하다.

(4) 영광 굴비

조기를 소금에 절여 말린 것으로, 건조장에 조기를 걸고 밑바닥에 숯불을 피워놓고 바닷바람에 서서히 말린다. 말린 굴비는 통보리 속에 저장하는데 이때 사용하는 소금은 1년 이상 보관하여 간수를 뺀 것으로 조기에 바로 뿌린다. 하루쯤 후에 염도가 낮은 깨끗한 소금물로 다섯 번 이상 헹구고 걸대에 걸어 2~3일 동안 말린다.

굴비는 구이요리를 가장 많이 한다. 그 외 물에 불렸다가 쪄서 먹거나 쌀뜨물을 자작하게 붓고 고추장을 풀어 찌개를 해도 맛있다.

(5) 순창 고추장

순창은 물맛이 좋고 기후가 알맞아 고추장 맛이 좋기로 유명하다. 7월에 멥쌀과 콩을 쪄서 절구에 찧은 후 주먹 2개 크기로 둥글게 빚어 띄운 후 추석 전에 쪼개 가루로 만들어 둔다. 설날에 찹쌀밥을 해서 메줏가루와 고춧가루를 버무려 만든다.

7. 제주도 음식

쌀은 거의 생산되지 않고 콩, 보리, 조, 메밀, 고구마가 많이 나고 감귤과 전복, 옥돔이 유명하다. 섬 지역이어서 어류가 많아 싱싱한 회가 많으며, 음식에도 어류와 해조류를 많이 이용하고 된장으로 맛을 낸 음식을 좋아한다.

음식을 많이 장만하지 않고 양념을 적게 쓰며 간은 비교적 짜다. 제주돼지라고 하여 뒷간에서 기른 똥돼지가 유명하나 근래에 와서는 거의 없어졌고 대신 흑돼지가 이용된다.

죽으로 전복, 옥돔, 게, 표고버섯 등이 유명하고 전복회, 자리물회 등 회를 많이 먹는다. 떡은 차좁쌀떡, 오메기떡 등이 있고 감귤화채, 녹차를 음료로 마신다.

(1) 자리물회

제주도 근해에서 잡히는 검고 작은 돔으로 여름철이 제철이다. 토막 낸 후 부추, 미나리를 넣고 된장으로 무쳐서 찬 샘물을 부어 물회로 만든다. 유자즙이나 산초와 식초를 넣어 맛을 낸다.

(2) 옥돔

분홍빛의 담백하면서도 기름진 물고기로, 소금을 뿌렸다가 구이를 하거나 미역을 넣어 국을 끓이기도 한다.

(3) 전복죽

제주도는 예로부터 전복이 많이 잡히는 곳이다. 회로도 이용하고, 불린 쌀을 참기름에 볶은 후 전복의 싱싱한 내장을 넣고 물을 부어 끓이다가 얇게 썬 전복 살을 넣어 죽을 끓이기도 한다. 색과 향이 좋고 맛이 좋다. 전복이 싱싱하지 않으면 내장은 넣지 않는다.

【그림 8-8】 전복죽

(4) 빙떡

메밀가루를 묽게 반죽하여 밀전병처럼 둥글고 얇게 부친다. 소는 삶은 무채를 양념하여 가운데 길게 놓고 만다. 제사나 잔칫상에 빠지지 않는 음식이다.

(5) 오메기떡

차조가루를 익반죽하여 가운데 도넛 모양으로 구멍을 낸 후 끓는 물에 넣고 반죽이 익어 떠오르면 건져서 콩가루나 팥고물을 입힌다. 때로는 고물을 묻히지 않고 시럽에 묻혀 먹기도 한다.

8. 평안도 음식

평안도의 서쪽은 서해안과 접하고 있어 해산물이 풍부하고, 평야가 있어 곡식도 많이 난다.

음식은 먹음직스럽고 크게 만들고 양도 푸짐하게 많이 만든다. 메밀로 만든 냉면과 만두가 유명하고 겨울 날씨가 특히 추워서 기름진 육류를 좋아한다. 음식의 간은 심심하고 맵지 않게 하며 콩과 녹두로 만든 음식이 많다. 녹두빈대떡, 온면, 냉면, 만둣국, 어죽 등이 있고 녹두지짐, 두부회, 순대, 백김치와 노티, 뽕떡, 송기떡 등이 있다.

(1) 굴만두(굴림만두)

평안도는 만두를 크게 빚는데 소로 돼지고기, 김치, 숙주를 넣는다. 껍질 없이 만두소를 둥글게 빚은 후 밀가루에 여러 번 굴려서 밀가루를 입힌 만두를 굴만두라 하는데 부드럽고 맛이 좋다.

(2) 평양냉면

냉면국물은 꿩을 삶은 육수를 으뜸으로 치나, 보통은 사골이나 쇠고기로 끓인 육수와 동치미국물을 합하여 만든다. 면은 메밀과 감자를 재료로 하여 만들고, 국수 외에는 편육과 동치미 무 썬 것, 오이생채와 배채 썬 것, 삶은 달걀 등을 얹어 낸다. 식성에 따라 겨자와 식초를 넣어 맛을 내기도 한다.

【그림 8-9】 평양냉면

(3) 순대

돼지 창자에 소를 넣어 끓는 물에 삶는다. 소는 돼지고기와 선지, 두부, 찹쌀밥을 합하여 파, 마늘, 생강, 소금, 후춧가루를 넣어 양념하고, 창자에 채워 양 끝을 묶은 후 삶아 양념소금을 찍어 먹는다.

(4) 노티

찰기장과 찰수수, 찹쌀을 각각 불려서 가루로 빻아 엿기름가루와 물로 반죽하여 찐다. 쪄낸 떡에 다시 엿기름가루를 뿌리면서 고루 반죽하여 방에 두어 삭힌다. 삭힌 반죽을 둥글납작하게 빚어서 번철에 참기름을 두르고 지진 후 저장해두고 먹는다. 설이나 추석이 되면 집집마다 노티를 만들어 단지에 넣어두고 1년 내내 간식으로 먹는데, 금방 상하지 않아 오래 저장이 가능하다.

9. 황해도 음식

연백평야와 재령평야는 쌀과 잡곡 생산이 많고 질도 좋아 조를 섞은 잡곡밥을 많이 먹는다. 음식은 한꺼번에 많이 만들며 맛이 구수하고 소박하다. 음식의 간은 충청도 음식과 비슷하다. 김치는 맵지 않게 하고, 동치미 국물을 넉넉히 마련하여 겨울에 냉면국수나 찬밥을 말아 먹기도 한다.

(1) 남매죽

팥을 무르게 삶아 찹쌀가루를 넣어 팥죽을 끓이다가 밀가루로 만든 칼국수를 넣고 끓인 죽이다.

(2) 연안식해

조갯살을 넣고 밥을 고들고들하게 지어 엿기름가루, 소금, 고춧가루, 참기름을 넣고 버무려서 사기항아리에 담아 익힌다.

(3) 냉콩국수

콩을 불려 삶아 껍질을 벗기고 이 콩을 맷돌에 곱게 갈아 체에 밭쳐 콩물을 만든다. 여

【그림 8-10】 냉콩국수

기에 소금으로 간을 한 다음 차게 식힌다. 여기에 찰수수 가루를 익반죽하여 경단을 빚어서 끓는 물에 삶고, 이것을 밀국수 대신 넣는다.

(4) 돼지족 조림

돼지족을 깨끗이 다듬고 푹 삶아 물과 갱엿과 간장, 생강을 넣어 약한 불에서 서서히 조린다. 조린 후 뼈를 발라내고 얇게 저며 새우젓물을 곁들여 낸다.

(5) 행적

배추김치, 돼지고기, 실파, 고사리를 길게 잘라 양념하여 대꼬치에 번갈아 끼우고, 밀가루와 달걀을 묻혀서 번철에 지진 누름적이다.

10. 함경도 음식

백두산과 개마고원이 있는 산악지대가 대부분이다. 밭농사로 주식을 생산하여 기장밥, 조밥 등 잡곡밥이 많고 명태, 청어, 대구, 연어, 정어리 등 생선이 다양하다. 음식은 큼직하고 기교가 없고 사치를 부리지 않으며, 간은 싱겁고 담백하나 때론 고춧가루와 마늘 등을 많이 쓰기도 한다. 함흥냉면이 유명하고 동태순대, 가자미식해, 북어식해 등이 있다. 또 과줄, 콩엿강정, 오그랑떡 등이 있다.

(1) 회냉면(함흥냉면)

본고장에서는 감자녹말을 반죽하여 국수를 만든 후 이것을 삶아서 매운 양념으로 무친 가자미를 위에 얹는다. 그러나 지금은 홍어회를 쓴다. 동해안에서는 명태회를 쓰기도 한다.

(2) 가자미식해

가자미에 소금을 뿌려 절여서 꾸득꾸득하게 말린 후 토막을 크게 낸다. 조밥을 짓고 무를 굵게 채 썰어 절이고 양념과 엿기름을 체에 쳐 한데 버무린다. 항아리에 넣어 두고 1주일 후에 삭으면 먹는다.

(3) 동태순대

동태의 내장을 빼내고 뱃속에 소를 채운 순대로, 동태를 절여서 입 쪽으로 내장을 빼내어 두부, 삶은 숙주, 배추를 잘게 다져 섞고 다진 파와 마늘, 후추로 간을 한다. 이것을 동태의 아가미를 통해 뱃속까지 꼭꼭 채워 넣고 입을 오므린다.

김장철에 많이 만들어 얼려 두었다가 찌거나 구워 먹는다.

(4) 가릿국

소의 양지머리를 푹 고아서 육수를 만들고, 삶은 고기는 가늘게 채 썬다. 선지는 따로 끓는 물에 삶아 낸 후 대접에 밥을 담고 삶은 고기와 선지 썬 것과 육회를 얹는다. 끓는 육수에 두부를 한 모씩 넣어 따뜻하게 데워 이를 밥 위에 얹고 육수를 듬뿍 붓는다. 먹을 때는 먼저 육수를 먹고 매운 다진 양념을 넣어 밥을 비벼서 먹는다.

【그림 8-11】 가릿국

(5) 언 감자송편

언 감자를 갈아서 반죽하여 송편을 빚어 찌는데, 색깔이 까맣고 별미인 송편이다.

(6) 섭조개밥

원산 지역에서 잡은 섭조개를 잘게 썰어 기름에 볶다가 여기에 물을 붓고 밥을 하는데 그 맛이 매우 좋다.

【그림 8-12】 섭조개밥

CHAPTER 09

사찰음식

사찰음식은 한마디로 불교를 수행하는 스님들이 깨달음을 얻어 부처가 되기 위하여 그들이 모여서 사는 곳인 절에서 만들어 먹는 음식이라고 할 수 있다.

사찰에서는 먹는 음식과 먹어서는 안 되는 음식이 있는데, 우유를 제외한 일체의 동물성 식품과 오신채(五辛菜)라는 매운맛이 있는 채소(파, 마늘, 달래, 부추, 흥거)를 먹지 않는다.

고기를 금하는 이유는 불교도가 받는 기본계인 5계 중의 제일 첫 번째 계율이 불살생계이기 때문이다. 즉 육식은 반드시 살생을 동반해야 하므로 신도나 스님들은 육식을 하지 않는 것이다. 그러나 부처님의 원시 교단에서는 다소 육식에 대해 관대하였는데, 깨끗한 고기를 먹는 것은 허용하였다. 여기서 깨끗한 고기란 비구(比丘)를 위하여 죽인 것이 아닌 고기로, 이를 확실히 확인한 후에는 먹는 것이 허용되었다고 한다. 그러나 여기에서도 코끼리고기, 말고기, 개고기, 새고기, 독수리고기, 돼지고기, 원숭이고기, 사자고기는 먹지 못하게 하였다.

그러나 그 후 고기를 먹는 것은 큰 자비를 끊는 것이라고 대승의 「열반경」 4권에 기록되어 있다. 「대반열반경」은 부처님의 열반 전후 일 년에 가까운 사적(事蹟)을 서술한 경전으로, 대승과 소승 두 가지가 있다. 이 중 대승의 열반경에서는 분명하게 육식과 술을 금하는데, 술에 취하는 것은 모든 죄의 원인이 되고 지혜의 종자를 끊는다고 하여 금하고 있다.

또 마늘과 부추, 파 또는 실파, 달래, 흥거(미나리과의 아위라고 하는데 한국과 일본에는 없는 식물로 중세 이란어 augu, augwa)를 오신채라고 하여 금하고 있다. 오신채는 익혀 먹으면 음욕을 일으키고 날것으로 먹으면 성내는 마음을 증대시켜 수행에 방해가 된다고 하여 금하고 있다.

「마하승기율」에서는 시약, 시분약, 칠일약, 진형수약이라 하여 음식을 넓은 의미의 약으로 표현하였는데, 시약이란 오전 중에 먹는 음식으로 스님들의 정식 식사를 말한다. 시약은 "모든 뿌리와 모든 곡식 그리고 모든 열매"라고 정의하고 있다. 시분약은 정식으로 식사가 허락되지 않는 시간, 즉 오후부터 밤까지 마시는 과즙 종류이다. 칠일약은 일종의 환자용 음식으로 병이 난 비구가 칠일 동안만 먹는 것이 허락되는 음식으로 연유, 꿀, 기름, 석밀(石蜜), 지방, 생버터 등이다. 진형수약은 종신토록 먹을 수 있는 것으로 약용의 과일즙, 후추, 생강, 소금류 등이다. 정식 식사의 시약은 단단한 음식이 중심이 되고, 기타는 유동식이거나 과즙 등임을 알 수 있다.

또한 예로부터 불교의 선가에서는 음식에 세 가지 덕이 갖추어져야 한다고 하는데, 세 가지 덕이란 첫째는 '경연', 즉 시약인 섬유질이 많은 단단한 음식을 어떻게 부드럽고 입에 맞게 조리할 것인가를 연구해야 한다. 둘째는 '정결'로 음식을 깨끗하게 만드는 것을 말하며, 셋째는 '여법작'으로 불법에 의거하여 음식을 만드는 것을 뜻한다. 불교는 원래 탁발에 의해 식사를 하였으나 중국으로 전파되면서 절에서 자급자족하는 형태로 식생활이 변하게 되었으며 우리나라도 함께 일하며 수행하는 법도에 준하여 식생활이 지켜지고 있다.

죽이나 밥을 먹을 때에 자리 잡는 위치는 법랍(출가 수계 이후의 연수)이 많은 순서에 의하거나 선방에 들어온 순서에 의한다. 식사 횟수는 원래 하루 한 끼를 원칙으로 하고 있다. 아침과 저녁은 먹지 않고 점심식사가 정식이다. 그러나 요즈음에는 하루 세 끼 식사를 하고 있는데 이 전통은 그리 오래된 것은 아니다. 사찰음식의 재료는 사찰 주변에서 간단히 구할 수 있는 재료로 산나물, 들풀, 제철 채소 등이다.

【그림 9-1】 사찰의 차 전시회

1. 음식 만들기와 관련 있는 스님의 직책

(1) 별좌(전좌)

부엌에서 먹는 것을 담당하는 직책으로 모든 음식을 다루는 데 정성과 청결을 강조하면서 부엌을 다스린다. 채소는 반드시 익혀서 공양한다.

(2) 공양주(반두)

향을 올리고 나서 솥을 열고 밥과 죽을 부처님께 먼저 올린 다음 각 당으로 나눈다.

(3) 채루(채공)

반찬 만드는 스님으로 별좌의 지시를 받는다.

(4) 화대(화두)

불을 지피는 일을 한다.

(5) 수두

부엌과 차 마시는 방과 각 당에서 쓰는 물을 관리한다.

(6) 마두

곡식을 갈아 가루로 만드는 일을 한다. 두부 만드는 일도 한다.

(7) 잡무

식당의 통과 법당에 공양 올리는 통을 청소한다. 별좌의 지시를 받아 그릇과 솥도 씻으며 부엌의 여러 일을 돕는다.

(8) 향등

주방 안팎을 청소하고 차를 올리며, 정진하는 대중에게 법당에 올라가 의식을 행할 것을 알린다.

(9) 고사(庫司)

음식 창고의 음식과 음식재료, 돈, 잡류와 창고의 자물쇠를 관리한다.

(10) 고두(庫頭)

음식을 거두어 들이고 관장하는 직책으로 고사(庫司) 밑에서 일한다.

(11) 미두(米頭)

절에서 쓰는 곡식을 관리하는 일을 한다.

2. 조리 정신

① 별좌스님은 조리하는 일을 남에게 맡기지 않고, 쌀을 씻을 때에도 수행하는 마음으로 조심스럽게 행한다. 또한 한 톨의 쌀알도 소중하게 여기고 쌀뜨물도 함부로 버리지 않으며 조심스럽고 정갈하게 부엌을 정리한다.

② 변변치 않은 음식재료로도 정성을 다해서 음식을 준비해야 한다. 또한 대중의 사람 수를 정확히 파악하여 과부족이 없는 식사를 차려야 한다.

③ 만드는 사람과 먹는 사람 사이에 마음의 교류가 있어야 한다. 즉 먹는 쪽은 별좌스님의 노고에 감사하고 음식을 제공하는 별좌스님은 먹는 사람을 위해 정성을 다하여 음식을 만든다. 대승불교인 한국은 절에서 음식을 만들며 고유의 사찰음식이 있는데 근래에는 이 사찰음식이 건강식으로 알려져 있다.

3. 발우공양

스님들의 식사는 원칙적으로 발우를 사용하는데 발우는 크기에 따라 들어가는 음식물이 정해져 있다. 죽이나 밥은 제일 큰 어시발우(맨 밑에 놓이는 발우)에, 국은 두 번째로 큰 발우에, 청수물은 세 번째로 큰 발우에, 반찬은 제일 작은 발우에 담는다.

4. 사찰음식의 조리법

(1) 일상식

1) 주식

밥, 죽, 국수, 수제비, 떡국을 주로 먹는다. 밥은 현미밥, 쌀밥, 찰밥을 먹으며 율무, 팥, 콩, 수수, 조, 보리 등을 넣은 잡곡밥도 있다. 콩나물밥, 산채나물밥, 버섯밥 등 채소와 쌀을 섞어 밥을 짓기도 한다.

죽은 아침에 먹으며 흰죽을 많이 먹고 콩죽, 녹두죽, 호두죽, 율무죽, 잣죽, 깨죽 등을 쑤어 먹는다. 국수는 주로 점심에 먹으며 손칼국수, 국수장국, 들깨국수, 깨국수, 잣국수, 콩국수 등이 있다.

떡국은 주로 정월에 먹는데 국물은 표고버섯과 다시마로 맛을 내고 여기에 떡살을 넣고 끓인다. 고명으로 표고버섯이나 느타리버섯 볶은 것, 시금치, 미나리, 당근 볶은 것, 김가루와 기름에 지진 두부를 얹는다. 그 외 미역국에 찹쌀 옹심이를 넣어 끓이거나 삶은 새알심에 콩국을 부어 먹는데, 이것은 주로 스님들이 일할 때 먹는다.

2) 부식

① 국이나 찌개

서울 지역에서는 간장으로 간을 하는 맑은 장국을 많이 끓이고 된장과 고추장을 함께 섞어 만드는 토장국도 끓인다. 반면에 호남 지역이나 영남 지역에서는 된장으로 간을 하는 된장국을 많이 끓인다.

찌개의 경우는 된장찌개, 된장과 고추장을 섞어서 간을 하는 토장찌개를 끓인다.

콩나물국, 미역국, 무국, 시래기국은 거의 사계절 먹는다. 근대, 아욱, 시금치, 냉이, 감자, 토란, 양배추, 고사리, 표고버섯 등도 국이나 찌개의 재료로 쓰인다. 된장찌개를 끓일 때 향이 강한 방아 잎과 산초 잎을 넣기도 하고 옥잠화 꽃봉오리를 넣기도 한다.

【그림 9-2】 토란국

② 나물과 생채

산나물과 밭에서 나는 모든 재료가 거의 다 반찬재료로 쓰이며 절 음식에서 매우 중요한 음식이다. 기타 생채도 종류가 다양하게 이용된다.

나물의 양념은 주로 간장, 깨소금, 참기름

【그림 9-3】 나물

또는 들기름과 생강으로 하며, 다른 음식에 비해 참기름이나 들기름을 많이 쓴다. 산나물인 경우에는 고추장과 된장으로 간을 하기도 한다.

③ 기타

쌈은 각종 채소의 잎을 그대로 이용하기도 하고 또는 데쳐서 이용한다.

전은 밀가루 반죽이나 들깨 반죽을 입혀 철판에 기름을 두르고 지져 내며 계란은 사용하지 않는다. 산나물, 들나물, 해초 등이 재료로 쓰이고 버섯 종류는 양념간장에 잿다가 부친다. 옥잠화 꽃봉오리도 전으로 부치며 감자, 고구마, 당근 등도 설삶아 둥글게 부친다. 늙은 호박은 숟가락으로 긁어서 씨를 빼고 소금을 뿌려 놓은 후에 쌀가루나 밀가루를 넣고 잘 섞어 부친다.

그 외 구이로 더덕, 우엉, 느타리버섯, 송이버섯, 가지구이가 있고, 식물성 식품을 살짝 데쳐 초고추장에 찍어 먹기도 한다.

조림으로는 우엉, 콩, 무, 감자, 연근, 표고버섯 등을 이용하고, 장아찌는 부각과 함께 절에서 상비음식으로 중요한 저장식품이다. 들깻잎, 김, 풋고추, 감잎, 국화잎 등을 부각 재료로 이용하며 아카시아 꽃, 옥잠화 꽃, 도라지, 수삼, 더덕, 버섯 등도 튀김 재료로 이용한다. 또한 가정에서 담그는 것과 같은 각종 김치를 담그고 있다.

후식은 녹차가 으뜸이고 기타 구기자차, 느릅나무차, 보리차, 옥수수차, 호밀차, 결명자차 등을 마신다.

(2) 특별식

큰 재가 있을 때나 추석, 설날 등에 차리는 음식으로 인절미, 절편, 찰편, 화전, 증편 등 각종 떡과 계절에 나는 가종 과일, 은행이나 호두, 산자, 약과, 엿강정 등올 준비힌다.

그 외 식혜나 수정과를 음청류로 준비하고, 음식은 높이 고여 상을 차린다.

(3) 조미료와 고명

파나 마늘을 사용하지 않으며 짠맛을 내는 조미료로 간장, 된장, 고추장, 소금 등을 쓰고 설탕이나 꿀, 엿, 물엿 등을 단맛 조미료로 사용한다. 생강, 후추, 겨자와 고추를 매운맛을 낼 때 사용하기도 하나 자극성이 많은 향신료는 적게 사용한다. 비구니 스님 절에서는 고명으로 밤, 통깨, 석이버섯, 잣, 호두 등을 사용한다.

CHAPTER 10

한국의 대표 음식

1. 병과류

(1) 떡

떡의 기원은 돌확과 시루를 사용했던 청동기와 철기 시대인 고조선 부족국가 시대로 알려지고 있다. 이 시대에 이용된 떡의 재료는 이 시대의 곡물인 피, 기장, 조, 수수, 콩이나 보리 등으로, 이 곡물들을 갈아서 시루에 찌는 형태가 가장 먼저 이루어졌을 것이며 이것이 시루떡이었으리라 생각된다. 또 농경 중심의 부족국가들은 추수 감사 등의 제천의식에 바치는 곡물 음식으로 떡을 바쳤을 것이며, 이것은 오늘날에도 무속이나 고사행위 등에 그대로 계승되고 있다.

【그림 10-1】 시루떡

삼국시대에 들어서면서 떡을 더욱 다양하게 만들게 되었으며 고구려 안악 3호분의 벽화에는 시루와 디딜방아 등의 모습도 보인다. 통일신라시대에는 본격적인 농경시대가 전개되면서 떡도 보다 다양해졌는데, 고려시대의 「해동역사」에는 밤설기떡의 제법을 자세하게 기록한 것이 있다. 「조선무쌍신식요리제법」에서는 팥떡에 대해 "쌀이 두 되면 붉은팥 한 되쯤이 필요하다. 밥 짓듯이 팥에 물을 붓고 한소끔 끓인 후에 좀 두었다가 팥알이 다 퍼진 후에 다시 뭉근하게 불을 때었다가 퍼내어서 소금을 넣고 주걱으로 으깨어 놓는다. 방아에 찐 멥쌀가루에 찹쌀가루를 조금 넣고 물을 내려야 좋다."라고 하였다.

붉은팥 시루떡은 시월상달에 고사 지낼 때와 이사할 때, 함 받을 때 등 다양한 의식 때에 우리 조상들이 가장 즐겨 먹어온 떡이다. 고사를 지내거나 이사를 할 때는 반드시 붉은팥 고물을 쓰는데, 이는 잡귀를 물리친다는 주술적인 뜻이 담겨 있다. 잔치나 제사 때에는 붉은팥 대신 흰팥이나 녹두, 깨 등의 고물을 쓴다.

의례 음식에 쓰이는 백설기는 원시적이고 종교적인 떡으로, 흰색을 신성시하는 관념에 의해 상징적 제물의 의미를 지닌다. '희다'는 말은 해(태양)에서 연유한 것으로 우리 민족의 흰색 숭배 사상은 태양 숭배 사상에서 연유하였다고 본다.

혼례 시의 봉치떡은 붉은팥 시루편을 준비하여 차지게 하는데 부부금실이 좋으라는 의미이고 잡귀나 액을 피하려는 의미도 있다. 또 두텁떡은 봉우리떡, 합병, 후병이라고도 하는데 떡을 시루에 안칠 때 보통 시루떡처럼 고물과 떡가루를 평평하게 안치지 않고, 작은 보시기 크기로 하나씩 떠낼 수 있도록 소복하게 안쳐 봉우리떡이라고도 한다.

한편 제례에 쓰는 떡은 편이라고 하고, 붉은팥 대신 거피한 팥을 고물로 쓴다. 또 가풍과 계절에 따라 종류가 다르나 정사각형 편틀에 고여 담고 위에 웃기를 얹는다. 무속의 제상 상차림에서는 백설기, 팥편이 주가 되는 떡이다. 불교 전래 후에는 차, 다식, 유밀과를 이용하였으며 유교 제상에는 절편과 인절미가 헌물로 쓰였다. 인절미는 「규합총서」에 황해도 연안 것이 제일이라고 하였으며, 진품 찹쌀만을 사용해 통째로 찌지 않고 가루를 내어 찌는 것이 좋다고 「조선무쌍신식요리제법」에 기록하고 있다.

절편은 쌀가루에 물을 많이 넣고 찐 다음 절구에 찧거나 안반에 놓고 오래 쳐서 끈기를 낸다. 떡을 칠 때 쑥이나 수리취, 삶은 송기를 넣어 찧으면 색 절편이 된다.

궁중의 떡에는 메시루떡으로 녹두, 신검초, 거피팥, 녹두, 석이 메시루떡과 갑피병(지금의

【그림 10-2】 떡 문화의 분포지역

개피떡)이 있고 찰떡도 이와 같은 재료로 만들었다.

웃기떡으로는 석이단자, 쑥단자, 신검초단자, 각색단자, 대추주악, 생강산삼(생강물을 찹쌀가루에 넣고 반죽하여 화전처럼 둥글게 또는 생강뿔처럼 빚어서 기름에 지진 다음 꿀에 즙청하였다가 잣가루를 뿌린 것), 화전 등이 있었다.

이처럼 유구한 전통을 갖는 떡은 만드는 방법에 따라 찐 떡, 친 떡, 지진 떡, 삶은 떡으로 분류하는데, 학자에 따라 증편과 약식은 기타 떡으로 분류하여 다섯 가지로 나누기도 한다.

【그림 10-3】 물맷돌 전파도

1) 찌는 떡(시루떡)

가장 오래된 전통 떡으로 시루떡이라고도 한다. 쌀이나 찹쌀을 물에 담갔다가 건져 가루로 만든 다음 시루에 안친 후 김을 올려 익힌다. 이 떡은 찌는 방법에 따라 설기떡과 켜떡으로 구분한다.

【그림 10-4】 백설기

설기떡은 쌀가루에 물을 내려 한 덩어리로 찐 떡으로 백설기, 콩설기, 쑥설기, 감설기, 밤설기 등이 있다. 켜떡은 쌀이나 찹쌀을 빻아서 가루로 하고 고물을 얹어 가며 시루에 켜켜이 안쳐 찐다. 주로 팥이나 녹두, 깨를 켜켜이 얹는다. 이외 물호박떡, 상추떡, 느티떡, 깨찰편 등이 있다.

2) 쪄서 치는 떡(친 떡)

멥쌀가루나 찹쌀을 쪄서 뜨거울 때 절구나 안반에 쳐서 먹는 떡이다. 찹쌀 도병은 인절미가 대표적이고 멥쌀 도병은 절편이 대표적인 떡이다. 그 외 흰떡, 개피떡 등이 있다.

3) 삶은 떡

쌀가루나 찹쌀가루를 반죽하여 모양을 내어 찌거나 삶은 떡이다. 송편과 경단, 단자류가 여기에 속하는데 경단은 찹쌀가루를 익반죽하여 동그랗게 빚어 끓는 물에 삶아 콩고물이나 깨고물을 묻힌 떡이다.

【그림 10-5】 경단

송편은 멥쌀가루를 익반죽하여 콩, 깨, 밤 등을 소로 넣고 빚는다. 시루에 솔잎을 깔고 쪄 낸 후 냉수에 살짝 씻어 참기름을 바른다.

단자는 찹쌀가루를 물을 내려서 찌거나 익반죽하여 반대기를 만들어 끓는 물에 삶아내고, 꽈리(큰 기포)가 생기도록 쳐서 적당한 크기로 빚거나 썰어 고물을 묻힌다. 석이단자, 밤단자, 대추단자, 유자단자 등이 있다.

4) 지지는 떡(전병)

찹쌀이나 찰곡식의 가루를 익반죽하여 모양을 빚고 기름에 지지는 떡이다.

【그림 10-6】 진달래 화전

화전은 찹쌀가루를 더운물로 익반죽하여 잘 치대서 둥글납작하게 빚은 다음, 번철에 기름을 두르고 꽃잎을 붙여 지진 떡이다.

주악은 찹쌀가루를 익반죽하여 깨나 대추를 꿀로 반죽한 소를 넣고, 송편 모양으로 작게 빚어 기름에 튀겨 내서 꿀에 잰 웃기떡이다.

부꾸미는 찹쌀가루나 찰수수 가루를 익반죽하여 납작하게 빚어서 번철에 기름을 두르고 지지다가 소를 넣고 반을 접어 붙여서 반달 모양으로 만든다.

5) 기타 떡

증편은 쌀가루에 술을 넣어 반죽하고 발효시켜서 틀에 쏟은 후 부풀린 다음 쪄서 만든 떡이다. 약식은 찹쌀을 불려 찐 다음 참기름, 간장, 설탕, 계피가루를 넣고 잘 섞은 후 다시 찌면서 밤, 대추, 잣을 넣어 다시 한 번 쪄낸다.

(2) 과정류

과정류는 우리나라의 전통 과자류를 말하며 과줄이라고도 한다. 오늘날에는 한과라는 말로 더 잘 알려져 있다. 주재료는 곡물(쌀이나 밀가루)과 꿀과 기름이다. 과일이 나지 않는 계절에 제수로 쓰이는 과일 대신 곡분으로 과일 모양을 만들었기 때문에 조과라고도 한다.

과정류는 삼국 통일 이후 통일신라 시대에 음다의 풍습이 성행하면서 차에 곁들이는 음식으로 같이 발전하게 되었다. 불교를 국교로 했던 고려시대에는 더욱더 과정류가 발달하여 연등회나 팔관회 등에 높이 고여 상을 차렸으며, 특히 유밀과는 고려병이라 하여 외국에까지 그 이름이 알려지게 되었다. 명종 9년(1179)과 명종 22년(1192)에는 유밀과가 너무 성행하여 두 차례에 걸쳐서 유밀과의 사용을 금지하였다고 한다.

조선시대에 이르면 과정류는 임금이 받는 어상을 비롯하여 통과의례 시 의례상차림의 대표 음식으로 자리 잡게 되었다. 또한 귀족과 반가에서는 평상시에도 많이 해 먹었다고 한다. 과정류는 크게 강정, 유밀과, 다식, 과편, 숙실과, 정과, 엿 강정으로 구분한다.

1) 강정류

일명 유과(油果)라고도 한다. 찹쌀가루를 술에 반죽하여 시루에 찌고 방망이로 치대서 썰어 말린 후, 기름에 튀겨 즙청하여 고물을 묻힌 것이다. 찐 찹쌀 반죽을 반대기를 지어 썰 때의 모양에 따라 이름이 달라지는데, 손가락처럼 가늘게 썬 것은 강정이라 하고 네모지게 썰면 산자라고 한다. 또 팥알처럼 썰어서 기름에 튀겨 즙청하거나 엿으로 서로 밀착시킨 것은 빙사과라고 한다.

2) 유밀과

밀가루나 메밀가루에 참기름과 꿀, 술 등을 넣어 반죽하여 모양을 만들고, 기름에 지지거나 튀긴 후 꿀에 담갔다가 건진 것이다.

약과는 대표적인 유밀과로, 밀가루에 참기름, 술, 꿀 등을 넣고 반죽하여 약과 판에 찍어내어 기름에 튀긴 다음 즙청한 후 꺼낸다. 연약과는 반죽하기 전에 밀가루를 눋도록 볶아 꿀을 조금 넣어 만든다.

다식과는 다식판에 박아 튀겨 낸 것이고, 만두과는 작은 송편처럼 떼어내 소(다진 대추를 쪄서 계핏가루와 꿀을 섞은 것)를 넣고 만두처럼 빚은 다음 기름에 튀겨 즙청한 것이다.

【그림 10-7】 약과와 수정과

3) 다식류

볶은 곡식의 가루나 녹말가루, 꽃가루, 한약재 등에 꿀과 조청을 넣고 반죽하여 다식판에 넣어 찍어낸 것이다. 쌀다식, 송화다식(송홧가루로 만든 다식), 흑임자다식, 콩다식, 깨다식 등이 있다.

4) 과편류

신맛이 나는 과일을 삶아 거른 즙에 녹말가루를 섞거나 단독으로 설탕이나 꿀을 넣어 조려 엉기게 한 다음 썬 것이다. 앵두편, 복분사편(산딸기), 모과편, 살구편, 오미자편 등이 있다.

5) 숙실과류

과일을 익혀 꿀에 조린 것으로 초류와 난류로 나뉜다. 초(炒)는 과일이나 열매를 통째로 익혀 그 형태가 그대로 유지되게 설탕물에 조린 것으로 밤초와 대추초가 있고 난류에는 조란(대추), 율란(밤)이 있다.

6) 전과류(정과류)

수분이 비교적 적은 식물의 뿌리나 줄기, 열매를 살짝 데쳐 설탕물이나 꿀, 또는 조청에 조린 것이다. 연근전과, 생강전과, 동아전과, 수삼전과, 모과정과, 무정과, 귤정과 등이 있다.

【그림 10-8】 각종 전과류

7) 엿강정류

여러 가지 곡식이나 견과류를 조청 또는 엿물에 버무려 서로 엉기게 한 뒤 굳혀서 썬 것이다. 깨, 콩, 땅콩, 실백 등을 많이 이용한다.

【그림 10-9】 엿강정류

2. 김치

신선한 채소를 얻을 수 없는 겨울에 대비하여 우리 조상들은 채소를 절여 저장하는 식품을 개발하였는데 그것이 김치이다.

현재 발견된 삼국 및 통일신라 시대의 김치 무리로는 법주사 경내에 있는 돌로 만든 독이 있는데, 신라 선덕왕 19년(720)에 설치되어 김칫독으로 사용되었던 것으로 보고 있다. 이때의 김치 무리는 오늘날과는 달리 채소 절임으로 오늘날의 심심한 장아찌류와 같은 것이었다고 생각된다. 고려 중엽의 이규보(1168~1241)는 「동국 이상국집」의 시 〈가포육영〉에서 외, 가지, 순무, 파, 아욱, 박의 여섯 가지 채소에 대하여 읊고 있는데 이 속에 김치 무리가 나온다. 이 시에 "무장아찌는 여름철에 먹기 좋고 소금에 절인 김치는 겨울 내내 반찬 되네."라는 구절이 있다. 이로 미루어 보아 고려시대의 김치는 순무 장아찌와 순무 소금절이가 있었음을 알 수 있다.

이 시대의 김치는 채소에 소금을 뿌리고 마늘 같은 향신료를 몇 개만 섞어서 담갔을 것이며 이때 채소에서 수분이 빠져나와 채소 자체는 소금물에 침지되는 형태가 되었거나, 또는 동치미처럼 소금의 양이 많으면 침지되는 형태의 김치였을 것이다. 이것에 김치 무리 중의 하나인 침채란 이름을 붙이게 되었고, 이 침채가 팀채→딤채→김채→김치로 변하여 오늘날에 이른다고 보고 있다.

1614년의 「지봉유설」에 의하면 "고추가 일본에서 건너와서 요즘 이것을 재배하고 있는 것이 간혹 눈에 뜨인다"고 하였다.

1670년경에 장씨 부인이 지은 「음식디미방」에 보면 "동아는 쉬 썩어 겨울 지내기가 어려우니 9~10월 사이에 껍질을 벗기고 오려서 독에다 소금을 많이 넣고 절였다가 이듬해 봄에 호렴해서 쓴다."라고 하였다. 즉 소금절이 짠지다. 또 산갓 침채가 나오는데 "산갓을 작은 단지에 넣어 물을 따뜻하게 데워서 붓고 아주 뜨거운 구들에 놓아 의복으로 싸매어 익힌다."라고 하였다. 또 이 「음식디미방」에는 오이김치 또는 오이지가 나오고 처음으로 나박김치란 말이 나온다.

1715년 「산림경제」에 나타난 김치는 고추가 들어온 지 100년이 지났어도 아직까지 소금절이나 식초에 담근 것, 향신료를 섞은 것이 많이 보인다.

1766년에 지은 「증보산림경제」에 드디어 김치에다 고추를 넣어 담근 것이 나온다. 즉 무에 청각, 호박, 가지 등의 채소와 고추, 천초, 겨자 등의 향신료를 섞고 마늘 즙을 듬뿍 넣어서 담그고 있다. 그 외 동치미, 배추김치, 가지김치, 오이소박이, 굴김치 등 다채로운 김치가 나온다.

1800년대의 「임원십육지」에는 젓국지가 등장하는데 그 이전의 기록인 「규합총서」에 이미 김치에 젓갈을 사용한 기록이 있으나 이와 동시대인 「임원십육지」에 더 구체적으로 기록되어 있어 젓갈 김치가 등장했음을 분명하게 알 수 있다. 오늘날의 배추 통김치는 배추의 재배 기술이 도입되면서 1800년대 말부터 담근 것으로 보여 그 역사가 짧다.

【그림 10-10】 각종 김치

지역의 독특한 향토 김치로는 개성의 보쌈김치와 전라도의 고들빼기김치, 공주의 깍두기가 있다. 본디 개성에는 개성배추라는 종자가 있어, 속이 연하고 길며 맛이 고소하다고 한다. 개성의 보쌈김치는 이 개성배추의 넓은 잎을 포개고 그 속에 낙지, 전복, 굴, 밤, 잣, 배, 대추 등을 넣고 싸서 만든 가장 고급스러운 김치라고 할 수 있다.

백김치는 고춧가루를 쓰지 않고 담그는데, 1900년대 중엽에 중부 지역에서 담그기 시작한 것으로 보인다. 그러나 고추가 들어오기 이전에는(임진왜란 전) 고추가 없었으므로 백김치는 삼국시대부터 있던 김치가 그 원조이다.

【그림 10-11】 신라시대 법주사의 대형 김치독

전라도의 고들빼기김치는 산채의 일종인 고들빼기로 담근 김치이다. 우선 잔뿌리를 잘라내고 씻어 열흘쯤 물에 담가 쓴맛을 뺀 후, 누렇게 삭혀서 소쿠리에 씻어 건진다. 파, 마늘, 생강을 다져 젓국에 섞고 고춧가루를 넣어 양념을 하는데, 이때 무말랭이 등을 넣어 같이 버무려 담는다. 공주의 깍두기는 무를 골패 모양으로 썰어 담근다.

순무 김치는 강화도에서만 그 명맥을 유지하고 있는데, 팽이 같은 모양에 겉은 연한 적자색을 띠고 있다. 이 순무는 배추 꼬리의 달짝지근한 맛과 인삼의 쌉싸래한 맛에 특이한 겨자향이 난다. 기온이 온난 다습하고 연교차가 크지 않아 순무 재배에 적당한 강화도의 순무김치는 조선시대에 임금님께 진상했다는 기록도 있다.

우리나라는 지형이 남북으로 길게 뻗어 있으므로 남북 간 음식의 차이가 크다. 김치도 중부 이북에서는 고춧가루를 적게 쓰고 간을 싱겁게 하며 국물을 많이 부어 담백하게 담그는 반면, 남쪽 지역에서는 젓갈과 고춧가루를 많이 넣어 짜고 맵게 담근다.

김치는 숙성 중 젖산균에 의해 젖산 발효되어 기분 좋은 독특한 신맛이 나며, 이 젖산균은 장내 이상 발효를 억제한다. 또 배추와 채소의 비타민 C 보존도 잘 된다. 미생물에 의해 비타민 B군이 생합성되며, 체액을 약알칼리성으로 유지시켜 준다. 또한 고추의 매운맛은 식욕을 돋우어 주고 살균작용도 한다.

3. 장류

(1) 된장과 간장

장에는 콩을 발효시킨 두장(豆醬)과 육류로 만든 육장, 그리고 생선으로 만든 어장이 있다. 중국의 장은 육장이나 어장으로, 새고기, 짐승 고기, 물고기 등을 말려 가루로 만든 후 발효시킨다. 우리나라는 콩을 이용하여 발효시키는 두장이 발달해 있다. 간장과 된장은 우리 고유의 발효식품이며 음식의 맛을 내는 중요한 조미료로 자리 잡고 있다. 문헌상으로는 「삼국지 위지 동이전」 고구려조에 "고구려는 스스로 장양(醬釀)을 잘한다."라는 기록이 최초이다.

장양이란 술 빚기, 장 담그기 같은 미생물을 이용한 발효 기술을 말한다. 따라서 고구려에서는 일찍부터 장과 시(豉)의 가공법이 이용되고 있었음을 알 수 있다. 또 삼국사기 8권 신문왕 3년(683년)에 기록되어 있는 폐백 품목에서 장과 시(豉)는 콩을 삶아 낟알로 발효시킨 오늘날의 메주인 것 같다.

「고려사 열전」 최승로조에 의하면 성상이 행로에서 시갱을 나누어 주었으며, 「고려사 식화지」의 정월(현종 9년, 1018년)에 거란의 침입으로 추위와 굶주림에 떠는 백성들에게 소금과 장을 나누어 주었다는 기록이 있다. 또 문종 6년(1052)에는 개경의 굶주린 백성 3만여 명에게 쌀과 조와 시(豉)를 내렸다는 기록으로(「고려사」) 미루어 보아, 장과 시가 이 시대에 매우 중요한 식품이었음을 짐작할 수 있다.

조선시대에 오면 장 담그는 방법이 자세하게 나온다. 「구황촬요」(명종 9년, 1554년)에 의하면 콩과 밀을 섞어서 온돌에 펴 띄워 황의(黃衣)를 입히고, 햇볕에 말려 메주를 띄웠다. 청장은 소금과 물의 비율을 1:2로 하여 단맛이 있는 진감장(陳甘醬)이었으리라 짐작된다.

이조 숙종 4년(1715) 홍만선에 의해 저술된 「산림경제」와 1766년 유중림에 의해 보강된 「증보산림경제」 중에 장 담그는 방법이 자세히 나오는데 간략하게 적어 보면 다음과 같다.

장 담그는 좋은 날은 병인, 정묘, 우수일 및 입동일이 길일이고 수흔일(水痕日, 6월 1, 7, 11일)은 금하였다. 항아리는 7~8월에 만든 것이 좋으며 장항아리는 여러 해 쓰던 것이 가장 좋다고 하였다. 소금은 수개월 저장하여 간수를 흘러내리게 한 것을 썼으며, 물은 감천(甘泉)이나 강심(江心)의 물을 큰 솥에 받아 끓이고 여기에 소금을 녹여서 식으면 썼다.

【그림 10-12】 청국장 분포도

메주 쑤기는 콩을 찧어 둥글게 만든 다음 한 치 정도 두께의 반월형으로 만든다. 띄울 때는 말 밥통으로 구덩이를 파고 1자 정도 띄운 자리에 사면으로 물길을 만든 다음, 발을 엮어 메주를 하나하나 보자기에 싸서 구덩이 위에 매단다. 이 구덩이를 짚이나 풀로 덮어 비바람을 막으면서 메주를 띄운다. 그동안 8~9차례 뒤집어 주고 다 뜨면 햇볕에 말린다. 여기에 소금물(메주 1말, 소금 6~7되)을 부어 장이 익으면 장독 속에 손으로 우물을 파서 주걱으로 청장을 떴는데 그 양이 적었으며, 청장이 말라들면 소금물을 부어 다시 청장을 얻었다고 한다.

즉「산림경제」이후부터 콩만으로 메주를 띄웠다는 점을 들어 이때부터 오늘날의 전통 메주 쑤기가 정착되었다고 본다. 또한 장맛이 변하면 불길한 징조라 하여 주부들은 장독대 관리에 정성을 다하였다.

현재는 장류의 종류와 제법이 많이 단순화되었으나 조선시대에는 소두장(팥을 삶아 뭉쳐서 떡 모양으로 하여 띄운 것을 콩에 섞어 담근 장), 생황장(삼복 중에 황, 흑두를 삶아 3일간 띄워 담근 장), 태맥장(현존하는 막장과 비슷하다. 검은콩을 볶은 다음 불려 끓여서 보릿가루와 함께 섞어 빚고, 삶아 띄운 후 가루로 빻아 소금과 정화수로 담근 장) 등이 있었고, 흉년에 먹는 구황장으로 산채장(더덕과 도라지 싹을 도려 메주와 섞어 담근 장), 콩각대장(콩각대를 무르게 고아 장을 넣어 담근 장), 콩잎 간장, 쥐엄나무 열매 간장(쥐엄나무 열매를 고아서 진하게 달인 즙을 모아 소금 간을 하여 만든 간장) 등이 있었다.

메주에 소금물을 부어 40~60일의 숙성 기간이 지나면 메주와 즙액을 분리하게 된다. 장을 뜨는 시기는 언제 담갔는지에 따라 조금 차이가 있는데 정월에 담근 정월장은 70~80일 정도, 2월장은 50~60일, 3월장은 40~50일이 지나면 장을 뜬다. 메주를 꺼낸 간장 물을 체에 밭쳐 솥에 붓고 달여서 식힌 후 독에 붓는다.

끓일 때 생기는 거품은 걷어내며, 낮에는 뚜껑을 열어 햇볕을 쪼이고 저녁에는 뚜껑을 덮는다. 된장은 간장을 뜨고 남은 메주로 담그는데, 항아리를 미리 씻어 말린 후 밑바닥에 소금을 약간 뿌린다. 건진 메주를 꼭꼭 눌러 담고 위에 소금을 하얗게 뿌려 뚜껑을 덮는다.

햇볕이 나는 날은 뚜껑을 열어 두며 한 달 정도 되면 숙성하여 맛이 든다. 항아리 주변을 늘 깨끗이 닦고 관리하는데, 항아리 입에 망사를 덮고 고무줄이나 끈으로 묶어 숙성시킨다.

최근에는 장기간 저장한 발효 농산물은 일종의 골동품으로 인식되고 있는데, 60년 된 간장과 350년간 지켜온 종가의 덧간장이 고가에 팔리기도 하여 세간의 관심을 끌고 있다.

(2) 고추장

고추장은 16세기경 고추가 유입되면서 만들어진 장류로 1700년대 후반부터 본격적으로 제조되었으며, 1800년대 초의 「규합총서」에는 순창 고추장과 천안 고추장이 팔도의 명물이라고 기록하고 있다.

「증보산림경제」에 보면 콩을 쑤어 띄운 메줏가루 1말, 만초 가루 3홉, 찹쌀가루 1되에 청장을 섞어 햇볕에서 숙성시킨다고 하였는데 지금의 고추장 담그기와 비슷하다. 재래식 고추장의 원료는 메줏가루, 고춧가루, 곡물가루 및 소금으로, 찹쌀가루를 반죽하여 쪄서 메줏가루를 섞은 후 당화하여 묽어지면 고춧가루를 섞고 소금으로 간을 맞춰 숙성시킨다. 또는 찹쌀 대신 멥쌀, 보리, 밀로 대신하기도 한다.

경상도나 전라도에는 메줏가루를 넣지 않고 조청을 고아서 고춧가루를 섞고 소금으로 간을 한 엿 고추장이 있다. 고추장용 메주는 콩만으로 만들지 않고 전분을 섞어 작게 빚는데, 흰콩이 다섯 되면 멥쌀은 한 되로 하면 알맞다. 메주를 쑬 때는 콩과 쌀가루를 따로 익혀서 절구에 찧을 때 합치는 것이 좋다.

고추장용 고춧가루는 가을철에 색이 곱고 매운 것으로 골라 곱게 빻아둔 것을 사용한다. 엿기름은 싹 틔운 겉보리를 가루 내어 쓴다. 간은 꽃소금으로 하며 2~3일간에 걸쳐서 간을 맞추는데 고추장 반죽이 너무 되직하면 잘 달인 간장을 섞어도 좋다.

찹쌀이나 전분, 곡물가루 소두 1말에 메줏가루 소두 1되(5컵), 고춧가루 2되, 엿기름 3~4컵, 소금 6~8컵이 기본 양이다. 찹쌀고추장 담그는 법은 찹쌀가루를 익반죽하여 도넛 모양으로 빚는데 이것을 구멍떡이라 한다. 이것을 끓는 물에 익혀 떠오르면 건지고, 방망이로 힘껏 저으면서 끓인 물을 조금 부으며 잘 푼다. 여기에 메줏가루, 고춧가루, 소금을 순서대로 넣어 만드는데, 찹쌀고추장을 담글 때는 엿기름을 넣지 않는다.

항아리는 입이 좁은 것이 좋은데 공기에 노출되는 면이 많으면 색이 검어지고 맛도 나빠지기 때문이다. 고추장은 항아리에 담근 후에도 얼마 동안은 저어 주면서 숙성시켜야 끓어오르지 않고 간도 고루 들어서 맛이 좋다.

4. 불고기

불고기는 우리나라 사람들뿐만 아니라 외국에도 널리 알려진 대표적인 한국음식이다.

이 전통적인 구이는 맥적에서 유래되었다고 본다. 중국에서는 고구려를 맥족이라 불렀으며 맥적은 고구려의 고기 구이를 가리킨다. 중국의 진나라 「수신기」에 "맥적은 본래 중국 사람들이 귀하게 여겨 중요한 잔치에 이 음식을 먼저 내놓는다."라고 기록하고 있다. 또한 "작은 고기를 꼬챙이에 꿰어서 직화로 구운 구이"라고 하였다고 「예기(禮記)」에 쓰여 있다. 이것이 오늘날의 불고기의 원조였으리라 짐작되며, 석쇠가 나온 후에는 꼬챙이에 꿸 필요가 없어졌을 것이다.

고려시대에 와서는 불교의 영향으로 고기 요리법이 자취를 거의 감추었으나 고려 말 몽고의 지배에 놓이면서 몽고인과 회교도가 많이 살던 개성에서 '설야멱'이라는 이름으로 되살아나게 되고 이것이 오늘날의 불고기로 이어진다. 이 내용을 「산림경제」(1715)가 인용한 서원방을 통해 알아보면, 쇠고기를 가늘게 저며 칼등으로 두들겨 연하게 한 뒤 대나무 꼬챙이에 꿰어서 기름과 소금을 바른 다음 충분히 스며들면 숯불에 굽는다고 하니 바로 이것이 지금의 불고기이다. 그런데 이것이 더욱 발전하여 구운 것을 물에 급히 한 번 담갔다가 꺼내어 굽고 물에 담그는 일을 세 번 되풀이한 후 기름을 발라 다시 구우면 매우 연하고 맛이 좋다고 하였다. 얇은 고기를 계속 굽기만 하면 타기 쉬워 굽는 도중에 찬물에 담갔다가 건져서 구우면 연하게 속까지 잘 구워졌을 것이다. 이것이 굽는 비법이었던 것 같다.

19세기 말엽 「시의전서」에는 정육을 저며 잘게 칼질하여 양념을 한 다음 직화 구이한 것을 너비아니라고 하였는데 너비아니는 불고기의 궁중 용어로서 오늘날의 불고기를 뜻하는 것이다. 한편 「조선무쌍신식요리제법」에 보면 "연한 고기를 얇게 저며 씻지 말고 그냥 석쇠에 놓고 소금만 쳐서 구워 먹으면 고명한 것보다 더 맛있고 영양가도 높다"고 하였다. 이것을 방자구이라 한다. 요즈음에는 양념하여 구운 불고기보다 양념하지 않은 생고기가 점차 인기를 얻고 있는데 이 방자구이 요리법과 비슷하다.

오늘날에도 연한 고기의 맛을 살려내는 우리 고유의 불고기와 갈비구이를 계승·발전해 나가도록 연구가 부단히 이루어져야 하며, 나아가 세계인에게 알리려는 노력이 더욱 필요하다.

【그림 10-13】 불고기

5. 비빔밥

【그림 10-14】 비빔밥

비빔밥은 밥을 그대로 먹는 것이 아니라 여기에 각종 나물, 쇠고기볶음, 달걀지단, 튀각 등을 얹어 비벼서 먹는 밥을 말하며, 오늘날 전주, 진주, 해주 등이 비빔밥으로 유명하다. 그러나 이들은 조선시대의 요리서에는 나타나지 않다가 1800년대 말엽 「시의전서」에 비로소 등장한다. 그 내용을 보면 "밥을 정히 짓고 고기는 재워 볶아놓고 간납은 부쳐낸다. 각색 나물을 볶아놓고 좋은 다시마를 튀겨 부숴 놓는다. 밥에 모든 재료를 다 섞고 깨소금과 기름을 많이 넣어 비벼서 그릇에 담는다. 그 위에 계란을 부쳐서 골패 모양으로 썰어 얹는다. 완자는 고기를 곱게 다져 잘 재어 구슬만 한 크기로 빚어서, 밀가루를 약간 묻혀 계란을 입히고 부쳐 얹는다. 비빔밥 상에 장국은 잡탕국으로 해서 쓴다."라고 기록되어 있다. 오늘날 대표적인 전주비빔밥과는 다소 만드는 방법이 다르다. 한편 「시의전서」에는 비빔밥을 골동반이라고 기록하고 있다.

비빔밥이 문헌상으로는 1800년대 말엽에 나타나지만 그 역사는 더 오래되었을 것이다. 예부터 내려오는 산신제나 동제 등은 집에서 먼 곳에서 제를 지내니 식기가 제대로 갖추어져 있지 않았을 것인데, 이 제물을 여러 사람이 같이 먹어야 했으니 여러 가지 제물을 밥에다 고루 섞어 비벼먹었을 것이다. 이것이 이른바 비빔밥의 원조격이니 그 역사는 오래된 것이라고 볼 수 있다.

비빔밥은 현대에 와서는 대중 식당의 일품 요리로 발전하게 되는데 각종 채소와 단백질식품이 섞여있어 영양적으로도 균형이 잘 잡힌 음식이다. 또 최근에는 영양과 색깔이 세계인의 입맛에도 맞아 불고기와 더불어 한식의 세계화에 성공한 음식으로 자리 잡게 되었고, 기내식으로도 인기가 높은 메뉴가 되었다.

2부

세계의 식생활문화

CHAPTER 01

일본

1. 자연환경

일본열도는 북위 30° 이남에 위치한 오키나와부터 북위 45°의 홋카이도까지 남북으로 길게 위치하고 있으며, 기후는 전체적으로 온대 몬순 기후를 보이나 여름에는 고온 다습하고 지역 간의 차이가 매우 커서 동북 지역 이북은 겨울에 매우 춥다.

혼슈, 큐슈, 시코쿠, 홋카이도, 오키나와 등의 섬으로 이루어져 있고, 남지나해를 거쳐 대한해협을 통해 동해로 흘러 들어오는 쿠로시오 난류와 북쪽으로부터 남서쪽으로 흘러 내려오는 쿠릴 해류가 일본 근해에서 만나 세계 최대의 어장을 형성하고 있다. 나라 전체가 어장으로 둘러싸여 있어 사계절 내내 신선한 어류가 풍부하다. 또 온대 몬순 지역으로 벼농사에 적합한 기후 조건을 가지고 있어 쌀이 중요한 식량이다.

우리나라와 중국으로부터 전파된 문화의 영향으로 대륙 음식 문화의 흔적이 요리에서 보이기도 하나 한편으론 섬나라로서 그들 고유의 식문화를 발전시켜 왔다.

2. 일본 음식의 역사와 문화

일본의 벼농사는 야요이 시대(B.C. 3세기~6세기경)에 시작되었으나 조나 피가 주를 이루었고, 대부분 죽 형태로 이용되었을 것이다. 이 시대에 청동이 들어오고 이어서 철이 들어와 농경이 발달하게 되었고, 이로 인해 물고기 잡기와 사냥은 종속 산업이 되었다.

이후 나라 시대(710~794)에는 천황의 통치 체제가 굳어지고 일본이라는 국호가 처음 사용되었으며, 귀족과 서민의 생활에도 차이가 생겼다. 이 시대에 술 빚기가 다양화되고 음식 보존법으로 건조법과 소금절이 등이 이용되었다.

헤이안 시대(794~1185)에 도쿄로 수도를 옮기고 약 400년간 궁정귀족의 시대가 이어지

【그림 1-1】 일본의 금각사 전경

【그림 1-2】 일본식 스낵코너

는데, 이때 신라, 당나라와의 교류가 활발하여 밀가루를 이용한 만두나 전병과 같은 당과자를 만들기도 하고 깨를 짜서 만든 기름을 사용하여 재료를 튀기는 등 여러 가지 조리법이 행해졌다.

그 후 가마쿠라 시대(1192~1333)로 접어들게 되는데 이는 무인이 약 150년간 실권을 잡은 기간이다. 대개 무사들은 시민 출신이이시 농사에 종사하기 때문에 간소한 생활을 하였으며 요리도 소박하였다. 무사의 식사는 평상시에는 조석 2회였으나 전쟁터에서는 3식이 되었고 이것이 일본인의 3식제의 기원이 되었다. 이 시기에는 불교의 영향으로 쇼진요리(精進料理, 정진요리)가 사원을 중심으로 발달하였고 두부가 수입되었으며, 차는 송나라에서 들여와 재배하게 되었다.

이후 무로마치 시대(1338~1573)에는 무사의 예법과 함께 가지각색의 형식이나 유파가 발생하였고, 이 시대에 정식으로 향응요리로써 확립된 것이 혼젠요리(本膳料理)이다.

아즈치 · 모모야마 시대(16세기 후반~16세기 말)는 호화로움과 한적한 생활, 검소한 취향과 사치로운 취향을 동시에 갖춘 문화를 가졌던 무사의 시대로, 가이세키요리[회석요리(懷石料理), 다도에서 차를 내기 전에 나오는 간단한 요리]의 확립과 남반요리(파와 쇠고기, 닭고기, 생선 등을 섞어서 조린 요리)의 도래가 일본 요리를 발전시켰다.

에도 시대(1603~1867)는 다시 무사가 지배권을 가진 시기로, 약 260년간 계속된 이 시기는 각 시대의 여러 가지 음식의 특징을 흡수 · 소화하고 이를 발전시켰으며 일본식의 완성시기라고 말할 수 있다.

(1) 쇼진요리(정진요리)

어육을 쓰지 않고 곡류, 채소, 해초, 두류, 건조 식품 등의 식물성 식품을 원료로 한 자극성이 없는 조리법이다. 가마쿠라 시대의 불교 사상에 힘입어 서민들에게 널리 퍼진 요리로 거친 요리(粗食)를 의미한다. 주로 사원에서 발달하였으며 중심지는 교토이다. 정진국, 정진튀김이라는 용어는 식물성 재료만으로 만들어진 국 또는 튀김이라는 뜻으로 사용하고 있다.

(2) 혼젠요리(본선요리)

주로 관혼상제 때에 쓰인 정식 식단이자 의식 요리로 차리기가 매우 복잡하다. 에도 시대로 내려오면서 상차림이 화려해지고 요리도 예술성을 띠게 되었다. 격식을 차려야 할 중요한 연회나 혼례 요리 외에는 별로 사용하지 않지만, 그 상차림법은 현재까지 전해오고 있다.

상은 검은색이나 삼색을 쓰고 다섯 개를 차리는 것이 원칙이다. 상차림은 국물의 숫자와 요리의 숫자에 따라 구분하는데 결혼식 때에 내는 혼젠요리는 다섯 개의 호화로운 상차림에 3즙 7채를 내며, 가정에서의 혼젠요리는 생일이나 입학, 졸업식 등 축하해야 할 날에는 주로 1즙 3채, 세 개의 상을 내는 2즙 7채로 상차림을 한다. 현재는 복잡성 때문에 거의 행하지 않고 있는 실정이다.

(3) 가이세키요리(懷石料理)

다도에서 나온 요리로 차를 마시기 전에 내는 요리를 말한다. 원래는 차를 올리는 것이 주

체이나 그 전에 적당히 배를 채우고 나서 맛있는 차를 마실 수 있도록 하기 위한 것이다.

이 요리의 특징은 양이 적은 대신 계절의 신선한 재료를 사용하고, 손님이 먹는 시기에 적절하게 요리를 내놓는 것이다.

(4) 남반요리

남반요리는 파를 쇠고기와 닭고기, 생선 등과 섞어서 조린 음식으로 서양인(주로 스페인과 포르투갈인)에 의해 전해졌는데 대표적인 것이 덴푸라이다.

나가사키에 살고 있던 포르투갈 사람이 어느 날 튀김을 하고 있었는데 지나가던 일본인이 무엇이냐고 물었더니 '조리한다(포르투갈어: temperal)' 고 대답한 것에서 덴푸라(tempura)라는 이름이 유래되었다고 한다.

(5) 가이세키요리(會席料理)

모임의 좌석, 회합의 좌석이라는 의미로서 에도 시대에 시작되었다. 그 이전에 발달한 혼젠요리나 가이세키요리(懷石料理)가 그 기본이며, 이 요리는 쇼진요리나 중국요리, 남반요리 등 여러 요리와 재료를 받아들여 일반화한 요리이다. 보기에 아름답고 향기로우며, 먹어서 맛있는 요리로, 복잡한 혼젠요리의 형식을 떼내어 일반인이 이용하기 편리하게 간략화하였다.

음식의 가짓수를 품(品)으로 나타내는데, 처음부터 요리 전부를 내놓지 않고 맑은 국과 생선회 정도를 먼저 내고 다음 요리를 낸다. 3품, 5품, 7품, 9품, 11품이 있으며 가정에서는 5품과 7품 정도로 먹는다. 밥과 김치는 품수에 들어가지 않는다.

식탁 상차림은 꽃꽂이와 작은 등, 여러 종류의 식기를 준비하여 보기에 아름답도록 신경을 써서 차린다. 음식을 내는 순서는 술과 전채 → 맑은 국 → 생선회 → 구이 → 조림 → 초회(여름에는 찜, 겨울에는 튀김) → 밥이나 면류 → 후식 순이다.

3. 음식 문화의 특징

일본은 육류를 기피해온 역사가 오래되고 주로 생선을 많이 먹는 것에서 우리나라나 중국의 음식 문화와 큰 차이가 있다.

이는 불교의 영향과 일본 천황의 명(서기 687년에 소, 말, 개, 닭고기 등을 먹지 못하도록 함)에 의한 영향이 크다. 일본 음식 문화의 특징을 살펴보면 아래와 같다.

(1) 조리를 하지 않는 음식

전통적인 일본 음식 문화 사상은 식품을 가능한 한 조리하지 않는 것을 최상의 조리로 여기는 것이며, 대표적인 예가 생선회이다. 밥 위에 생선회를 얹어먹는 니기리즈시도 와사비 간장에만 찍어먹는 단순한 조리법이다. 즉 식재료 자체의 맛을 그대로 살리려는 특징을 가지고 있다.

(2) 계절감과 색채감을 중요시

사계절의 변화에 따라 다양한 채소가 생산되어 여러 가지 식품을 먹는 것이 가능하며, 식품 자체가 계절을 상징한다. 예를 들면 가다랑어가 식탁에 오르면 초여름임을 알 수 있고, 꽁치는 가을을 상징하는 생선이다. 계절에 따른 과일과 야채도 많이 섭취하며 감귤을 특히 선호한다. 또한 자연을 그대로 음식에 표현하려는 사상이 강하다.

한편 일본인은 입으로 먹기 전에 눈과 코로 먼저 먹는다고 할 정도로 음식은 물론이고 그릇과 음식의 색채와 조화, 기타 다른 그릇과의 조화까지 고려하여 상차림을 종합예술의 경지까지 끌고 가려는 노력을 기울인다.

(3) 가장 중요한 식재료인 쌀과 술

즐문 시대 말 벼농사가 전파된 이래 쌀은 일본인의 식탁에서 매우 중요한 식재료이다. 일본 쌀은 밥을 해서 먹기도 하나, 식초를 넣어 만든 스시로 하여 먹거나 초밥에 생선회를 얇게 저며 얹어 먹기도 한다.

또 일본 술은 쌀을 원료로 하여 만드는데, 일본 술을 마실 경우 정식으로는 술만을 마시는 일이 없이 여러 가지 음식을 먹으면서 술을 마신다. 일본인들은 밥과 술을 동질적인 식품으로 생각하고 있다.

(4) 콩과 콩 제품의 다양한 이용

고기를 식용으로 하지 않았던 일본은 콩을 단백질 급원으로 많이 이용하였으며 두부, 미소(일본 된장), 낫토, 간장 등이 대표적이다. 또 두부에 간 생강과 잘게 썬 파 등을 넣은 양념간장을 끼얹어 먹는 단순한 두부요리를 즐긴다.

일본도 중국이나 한국과 같이 콩을 이용한 발효성 장류를 만들어 먹는데 미소는 맛이 가벼운 편이며, 간장 등도 데리야키 형태 등으로 다양하게 이용되고 있다. 낫토는 우리나라의 청국장과 같은데 우리와 다른 점은 생것을 그대로 먹는다는 점이다. 근래의 일본요리는 된장의 중후한 맛에서 보다 가벼운 간장의 맛으로 이행하고 있다. 간장은 만능 조미료로 사용되어 음식을 직접 찍어 먹기도 하고 식초, 술, 겨자와 함께 소스로도 다양하게 이용한다.

(5) 육식과 유제품 이용의 결여

육식을 금한 것은 살생을 금하는 불교 사상에서 기인하는데, 6세기 불교가 일본에 전래되고 7세기 후반부터 약 100년 사이에 역대의 천황들이 동물을 죽이는 것을 금지하였다. 이로 인해 오키나와 사람들을 제외하고는 일본은 대부분 오랫동안 육식을 하지 않았으며, 또 동남아시아의 여러 민족과 같이 가축의 젖을 짜지 않았던 지대에 속해 있어서 버터, 치즈, 요구르트 등 유제품도 결여되어 있다.

(6) 고도의 칼 기술

자연이 지니는 재료 자체의 맛에 의존하는 경향이 강한 일본 요리는 가능한 한 단순한 조리법을 중시하며, 맛은 간장과 된장에 전적으로 의존하고 있다. 그러므로 조리 기술은 자연히 자르거나 담는 기술에 관심을 갖게 되었고, 요리를 보기 좋게 담기 위해서 식품을 예쁘게 자르고 담는 기술이 요구되었다. 일본 칼은 단날(片刀)로, 이것으로 식품을 자르면 절단면이 깨끗하게 보이고 모양 있게 담을 수가 있다. 이 단날은 일본 특유의 칼인데 세계의 대부분의 칼은 양날로 되어 있다. 그래서 일본 음식은 먹는 음식보다는 보는 음식으로 발전하게 되었다.

(7) 녹차가 매 식사에 제공됨

차는 선불교의 의식에서 사용되던 것이 오늘날까지 전해져 일본인들의 삶 속에 중요한 위치를 차지하고 있으며 거의 매 식사마다 차를 마신다.

차는 주로 잎을 발효시키지 않은 녹차와 말차(가루차)를 마신다. 차 마시는 습관은 자연과 조화를 이루려는 일본인들의 정신이라고 볼 수 있다.

4. 일본 요리의 지역적 특징

(1) 관동 요리

관동 요리는 무인 및 사회적 지위가 높은 사람들에게 제공하기 위한 의례 요리가 발달한 것으로, 설탕을 많이 쓰며 맛이 신하고 날고 짠 것이 특징이다.

도쿄를 중심으로 한 요리로 에도 요리(동경 요리)라고도 한다. 깊은 바다에서 나는 단단하고 살이 많은 양질의 생선을 이용하며 농후한 맛을 갖는 것이 특징으로 생선초밥, 덴푸라, 민물장어, 니기리즈시(주먹 초밥), 메밀국수가 대표적인 음식이다.

(2) 관서 요리

관서 요리는 역사의 중심지이며 귀족문화가 발달한 교토와, 바다가 가까워 어패류가 많은 오사카를 중심으로 발달한 음식이다. 관동 요리에 비해 맛이 연하고 부드러우며, 설탕을 많이 쓰지 않고 재료 자체의 맛을 살려 조리하는 것이 특징이다.

교토의 담백한 채소 요리와 건어물 요리, 오사카의 실용적이고 합리적인 양질의 생선 요리와 조개류를 이용한 요리가 주종을 이루며, 여기에 양질의 두부, 야채, 말린 청어, 대구포 등을 사용한 요리가 많다.

5. 대표 음식

(1) 스시(초밥)

15세기 무렵부터 일본의 스시는 독자적인 발전을 하기 시작하였다. 본래 스시는 생선을 썰어서 소금을 뿌리고 뜨거운 밥을 섞어서 발효시킨 음식이었다. 그러나 일본인들은 성격이 급해 몇 개월 참고 기다리기가 어려워 완전히 발효되기를 기다리지 않고, 담가서 1~2주만 되면 아직 날생선에 가까운 상태로 먹기 시작했다. 이것을 나마나레라 한다. 이 상태에서는 밥이 아직 분해되지 않아 생선과 밥을 함께 먹을 수 있었기 때문에 주식과 부식이 합쳐진 형태로 발전한 것이다.

여기에 스시를 만드는 시간을 단축시키기 위해 유산발효로 생기는 신맛 대신에 식초를 곁들여 신맛이 나게 하였으며, 18~19세기에 들어와 더욱 간편해지면서 18세기 말부터는 신맛을 낸 밥에 와사비를 바른 생선회를 올려 만든 니기리즈시로 변하게 되었다. 스시의 재료로는 생선을 장기간 숙성시켜 만든 붕어 스시(후나 스시)가 가장 오래된 스시이다.

초창기에는 붕어와 은어가 주를 이루었으나 지금은 흰살생선으로 도미, 광어, 농어와 붉은살생선으로 참치, 연어, 송어, 조개류로 전복, 피조개, 소라, 등푸른 생선으로 고등어, 전갱이, 전어, 이 밖에 새우, 오징어, 문어 등 다양한 재료를 사용한다.

(2) 사시미(회)

일본의 대표적인 요리로 싱싱함과 담백함을 그대로 느낄 수 있는 음식이다.

일본 특유의 단칼(片刀)로 모양 있게 썰고, 생선의 맛을 돋우기 위해 부재료로 무, 당근, 오이 등을 얇게 채 썰거나 얇게 벗겨 사용하며 와사비를 곁들인 양념간장을 낸다.

여러 가지 생선이 있을 때는 흰살생선과 기름지지 않은 생선부터 먹고 난 다음에 기름이 많은 생선이나 붉은살생선을 먹어야 맛이 잘 어우러진다.

(3) 소바와 우동

소바는 메밀을 뜻하는데 점성이 없어 쉽게 끊어지므로 밀가루를 섞어 끈기가 있게 만든다. 소바는 차게 만들어 먹어야 하므로 특히 온도에 신경을 써야 하는 음식이다. 메밀국수에 와사비(고추냉이)를 넣어 면류의 맛을 돋우어 먹는다.

우동은 추운 겨울에 따뜻하게 먹는 음식으로, 밀가루를 잘 반죽하여 얇게 밀어 썬 것을 가쓰오부시나 멸치 다시마 국물에 넣어 끓여 먹는 국수의 한 종류이다. 맛은 면보다는 국물의 맛에 달려 있으며 국물의 맛은 지역 차가 있다.

【그림 1-3】 일본식 우동과 도시락

【그림 1-4】 일본 라멘

(4) 술(사케)

일본의 대표적인 술은 청주이다. 이는 쌀로 만든 양조주로 곰팡이를 이용하여 제조하는데, 일본의 독자적인 양조 기술로 증류를 하지 않고 알콜 함유량이 20%에 달하는 높은 도수의 술을 만드는 기술을 개발하였다.

술은 제사에 올리며 신사에서도 제물로 바친다. 신에게 바친 술은 제사에 모인 사람들이 마시고 같은 신을 모시는 사람들끼리 연대감을 높이는 데 좋은 역할을 한다.

술은 보통 식사 전에 마시며 술을 마시는 동안에는 밥을 먹지 않는다. 오른손으로 술잔을 들고 왼손으로 술잔을 받쳐서 마신다.

【그림 1-5】 일본 술(사케)을 곁들인 일식 상차림

【그림 1-6】 일본 술 상점

(5) 차(녹차)

일반적으로 차는 연한 찻잎을 따서 살짝 쪄서 말린 녹차로 일본인들의 생활 속에 깊숙이 자리 잡고 있는 문화이다. 또한 일본의 말차(가루차)도 유명하다. 일본의 다도는 격식을 갖춘 차 문화로 손님이 오면 반드시 차를 대접하며, 직장에서도 오후 3시경 티타임을 갖는다. 식사를 하고 난 후에도 차로 끝내는 경우가 많다.

(6) 스키야키

일본의 대표적인 요리이나 그 역사는 길지 않은 편으로 1918~1919년경부터 스키야키라는 용어를 사용하였고 그 이전에는 큐나베라고 하였다.

일본의 큐나베(쇠고기전골)는 1862년 요코하마의 한 선술집 주인이 앞으로 쇠고기를 많이 먹을 것이라는 생각에서 만들기 시작했다고 한다. 처음에는 그 앞을 지나갈 때 고기 냄새 때문에 코를 막고 서둘러 지나갈 정도였다고 하는데 명치 시대가 되면서 일본의 식생활이 크게 바뀌어서 쇠고기 수요가 급격히 늘어나게 되었다.

그 후 명치 4년(1872) 천황이 직접 쇠고기를 시식해 보이면서 쇠고기 소비가 크게 늘어나 많은 사람들이 먹게 되었다.

【그림 1-7】 일본식 불고기 상차림

【그림 1-8】 일본의 절임류 전문가게

6. 식사 예절

일본 요리는 굽이 낮은 상 '젠'에 1인분씩 차려서 낸다. 식사 시 젓가락만으로 식사를 하며, 식사 도구는 주로 나무 그릇을 사용하고 은기는 전혀 사용하지 않는다. 식기는 손에 쥐기 쉽게 한국보다 작고, 음식을 비비거나 쌈을 싸서 먹는 경우는 거의 없다.

식사 전에 반드시 잘 먹겠다는 인사를 하고 먹는다.

일본의 식사 예절

① 밥그릇, 국그릇, 조림 그릇의 순으로 뚜껑을 연다. 왼손으로 뚜껑을 쥐고 오른손으로 물기가 떨어지지 않게 위로 향하여 상 왼쪽 다다미 위에 놓는다.

② 밥공기를 왼손에 들고 오른손으로 젓가락을 집어 사용하는데, 먼저 젓가락 끝을 국물로 조금 적신 후 밥을 한 입 먹는다. 경사일 때는 밥을 먼저 먹고 흉사일 때는 국부터 마신다. 일본의 밥공기는 작아서 사람에 따라서 두세 그릇을 먹기도 하는데 이때에는 밥공기를 깨끗이 비우지 않고 조금 남겨 한 공기 더 먹고 싶다는 표시를 하면 된다. 초대받았을 경우 두세 공기를 먹는 것은 괜찮으나 한 공기로 식사를 끝내는 것은 실례이다.

③ 국그릇도 두 손으로 들고 젓가락으로 건더기를 건져 먹고 국물도 그릇 언저리에 입을 대고 마셔야 한다. 이때 젓가락으로 건더기를 가볍게 누르고 마신다.

④ 그 다음에 밥이나 조림을 먹으며, 조림은 그릇째로 먹어도 좋고 국물이 없으면 뚜껑에 덜어서 먹는다.

⑤ 회는 접시의 가장자리부터 차례로 작은 접시에 덜어 와사비를 넣은 간장에 찍어 먹는다.

⑥ 차를 마실 때에는 찻잔을 두 손으로 들어 왼손은 찻잔 밑에 받치고 오른손은 찻잔을 쥐고 마신 다음 뚜껑을 다시 덮는다.

⑦ 식사 후에는 그릇에 뚜껑이 있는 경우 덮어두고 젓가락은 상 위에 가지런히 놓는다.

⑧ 식사 때 앉는 자세는 똑바로 하며, 그릇을 입에 가까이 대고 먹는다.

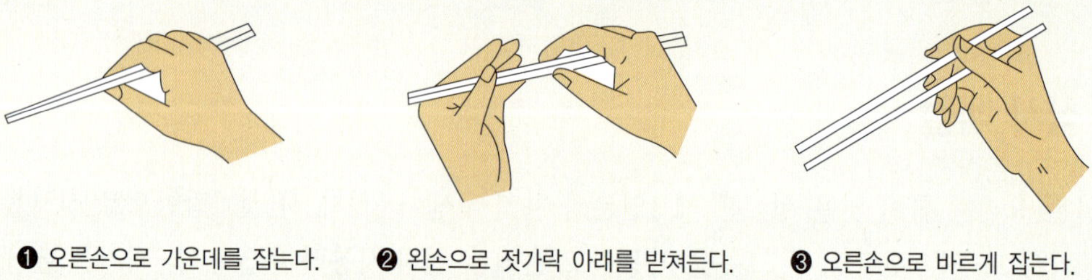

【그림 1-9】 일본식 젓가락 잡는법

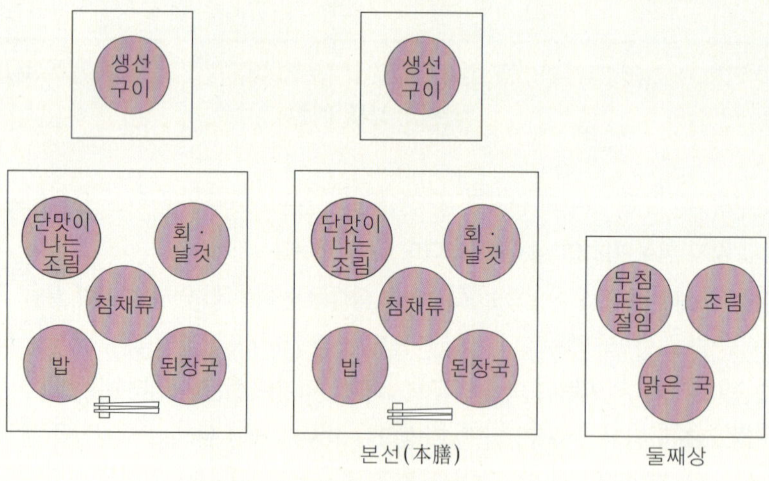

【그림 1-10】 일본상차림의 반배도

7. 일본의 명절 음식

(1) 설날 음식

일본은 아시아 한자문화권의 나라들 중 유일하게 음력을 사용하지 않는 나라로, 양력으로 1월 1일부터 3일까지 연휴를 갖는다. 새해를 맞이하여 모치를 준비하는데, 찹쌀가루를 쪄서 동글납작하게 만들어 나뭇가지 위에 켜켜이 걸어 놓았다가 1~2주 지난 다음에 불에 구워 부드럽게 녹인 후에 조니라는 일본식 떡국을 끓여 먹는다. 우리나라의 떡국과 같이 일본에서도 이 조니를 먹어야 한 살을 더 먹는다는 의미가 있다. 조니는 '여러 가지 것들을 모아 넣어 끓인 것' 이라는 의미로 채소, 생선, 조류의 고기 등을 떡국처럼 끓인 음식이다. 지역이나 집집마다 차이가 있지만 된장을 풀어 넣어 맛을 내고 가가미모치를 넣는 것은 어느 지역이나 마찬가지이다.

【그림 1-11】 가가미모치

가가미모치는 새해에 먹는 떡으로, 나무로 만든 제기 위에 흰 종이를 깔고 각기 크기가 다른 두세 개의 가가미모치를 포개어 얹는다. 그 사이나 맨 위에 곶감, 다시마, 감귤 등으로 장식하여 신성한 곳에 두었다가 설날 저녁에 먹는데 이는 신과 일체감을 느낀다는 뜻이다.

또 설날 특별 음식인 오세치요리(멸치, 청어알, 연근, 새우, 검은콩을 졸여서 만듦)를 만들어 찬합에 차곡차곡 쌓아두었다가 끼니 때마다 또는 손님을 접대할 때 꺼내 먹는다. 각각의 음식에는 그 의미가 있는데 청어알은 자손번창, 연근은 지혜의 눈, 콩은 성실과 노력을 뜻한다고 한다.

(2) 히나마쓰리(3월 3일)와 단오(5월 5일)

3월 3일은 여자 어린이의 날로 왕실 인형을 선물하는데 이는 미래에 좋은 남자를 만나라는 의미이다. 아이가 중학교에 들어가면 인형을 절에 갖다 주어 쌓아놓았다가 나무배에 이 인형을 띄워보내는 풍습이 있다. 왕실 인형을 선물 받으면 그 앞에서 사진을 찍고 떡과 감주를 먹으면서 즐긴다. 떡은 다이아몬드형으로 빚고 연한 분홍색이나 초록색, 흰색으로 물을 들여 만든다.

단옷날(5월 5일)은 남자 어린이날로, 일본 특유의 스모(일본식 씨름)를 구경하거나 씨름을 하면서 하루를 즐긴다. 시골에서는 높은 대나무 장대에 천으로 만든 잉어 그림을 달아 잉어처럼 씩씩하게 자라기를 바라는 마음으로 준비한다.

【그림 1-12】 히나마쓰리의 왕실 인형

(3) 월견(月見, 8월 15일)

중추절이라고 하여 오곡백과를 준비하고 달맞이를 하며, 억새풀과 멥쌀로 만든 경단을 달님에게 바치는 풍습이 있다. 교토의 떡이 유명하며 경과자(우리나라에서는 화과자로 알려져 있음)로 알려져 있다.

궁중에서는 그 해에 수확한 햇곡식을 천황이 신에게 바치고 그것을 먹는 신상제라는 행사가 행해지고 있다.

8. 아이누족의 식생활

아이누족은 일본 홋카이도에 집락을 이루고 살고 있는 일본 내의 소수민족으로 최근에는 소멸되고 있어 아이누 문화를 재조명하려는 운동이 전개되고 있다.

아이누족은 아침 식사를 신이 내려준 선물이라고 믿기 때문에 반드시 먹는데, 루루나 오

하루(걸쭉한 국 또는 찌개 형태), 라다쓰겝쁘(찜류 또는 조림음식) 등을 먹는다. 루루는 항상 만들어 두고 먹으며 호박루루, 야채나 감자루루를 만들어 먹는다.

아이누족은 집단으로 마을을 형성하여 살고 있으며 남자들은 수렵이나 어로를 통해 식량을 장만하고 여자는 경작이나 채집을 하면서 식량을 준비한다. 식사는 방 한가운데의 화로를 중심으로 모여앉아 하는데, 남자는 젓가락을 사용하고 여자는 나무 숟가락을 사용하는 독특한 식문화를 가지고 있다.

9. 오키나와인들의 식생활

일본은 세계적인 장수 국가이다. 일본에서도 특히 오키나와는 장수 지역으로 오키나와의 고령자 사망률은 일본 전국 수치에 비해 매우 낮은 것이 특징이다. 오키나와의 평균 수명이 일본에서 제일 긴 것은 고령자가 건강하게 장수하려고 노력하고 있기 때문이다.

오키나와 식문화의 특징을 살펴보면 아래와 같다.

(1) 많은 육류 섭취

오키나와는 일본 본토와 달리 돼지고기, 쇠고기, 닭고기 섭취량이 많고 특히 돼지 전체를 모두 이용하는 것이 특징이다. 돼지고기 요리는 고기와 여러 가지 재료를 넣어 장시간 푹 끓여 기름기를 제거하고 젤라틴으로 섭취하는 경우가 많으며 반드시 무, 해조류(곤부, 갈조류 등)를 넣어 푹 끓인다.

돼지 다리에는 다량의 콜라겐이 들어 있고 칼슘도 풍부하다. 콜라겐은 물과 함께 장시간 끓이면 젤라틴화하여 피부 아래서 혈관을 지탱하거나 근육 결합에 도움을 주고 뼈의 성분으로 강한 골격 구조를 유지하기도 한다. 또 유아의 뇌를 형성하는 성분이기도 하며 단백질 공급원으로서도 훌륭하다.

(2) 매일 섭취하는 두부 요리

오키나와 사람들이 일상적으로 먹는 두부는 통상 '오키나와 두부'라고 하는데 두부에 수분이 적어 단단한 것이 특징이다. 이는 단백질을 비롯한 타성분이 많이 들어 있다는 의미로 다른 두부보다 영양 성분이 많이 함유되어 있고 단단하여 기름에 볶기도 쉽고 찬푸루(두부, 야채 등을 함께 넣어 기름에 볶는 오키나와의 가장 토속적인 부식)에 넣기도 좋다.

(3) 녹황색 채소를 많이 섭취

녹황색 채소를 많이 섭취하고 그 밖의 들풀이나 약초 등을 일본 본토보다 2배 가량 많이 섭취하고 있다. 예를 들면 쑥을 넣어 지은 밥을 자주 먹고 여주 주스를 어린이들에게 마시게 하는데 여기에는 비타민 C가 다량 포함되어 있다.

또한 채소는 자체만을 먹지 않고 고기, 두부와 함께 여러 가지 채소를 이른바 '찬푸루' 로 해서 먹는다.

(4) 즐겨 먹는 곤부(미역의 일종)

오키나와에서는 곤부를 본토(주로 다시로 이용)와 달리 주요 식재료로 먹는다.

곤부를 건조하여 보존하면서 먹는데 돼지고기와 조화가 잘된다는 이유로 더욱 즐겨 먹고 있다. 오키나와의 곤부는 본토와 달리 새싹을 솎아낸 어린 곤부를 이용하고 있는데 맛이 부드러워 식용으로 적합하다.

【그림 1-13】 으깬 고구마와 곤부

(5) 적은 염분 섭취

오키나와의 식염 섭취량이 적은 이유는 류큐(옛 오키나와 왕조) 요리의 조미와 관련이 있다. 기름에 볶거나 푹 끓여서 요리를 하기 때문에 재료에 다시를 충분히 우려내서 사용하므로 조미료로서 소금이 거의 필요하지 않아 간장이나 소금 사용이 적은 편이다. 또 츠케모노(일본식 장아찌) 섭취가 본토보다 적어 자연소금 섭취가 적다. 그 이유는 연중 온화한 날씨로 들풀이나 약초의 이용이 연중 가능하여 굳이 츠케모노로 보존할 필요가 없기 때문이다.

(6) 신선한 생선 섭취

오키나와는 많은 섬으로 구성되어 있고 섬 주변에는 암초로 둘러싸인 얕은 하천이 있어 여기서 잡은 생선이 많다. 즉 바다에서 갓 잡은 싱싱한 생선을 섭취할 수 있어서 보존식으로 먹을 필요가 없다.

(7) 차와 흑설탕 섭취

녹차를 주로 마시는데 찻잎에는 아미노산, 과당, 비타민 C를 비롯하여 해독과 수축작용을 하는 탄닌이 포함되어 있어 식중독이나 설사를 방지하는 기능을 한다.

또한 더운 날씨를 이용해 사탕수수를 재배하며 예로부터 보통 흑설탕을 과자로 먹어 왔는데 흑설탕에는 각종 무기질과 비타민이 백설탕보다 월등히 많아 건강에 좋다. 최근에는 흑설탕을 이용한 각종 과자와 빵, 소스 등을 만드는 데 다양하게 이용하고 있다.

(8) 온난한 오키나와 기후

오키나와는 아열대 기후에 속하며 기온은 연 평균 22℃이고 최저기온은 10℃ 전후이며 최고기온은 32.5℃로 기온 연교차는 대략 22℃이다.

여름 기후는 고온 다습하고 뜨거운 열기와 습도로 인해 덥지만 비교적 강한 바람이 여름의 더위를 약간 완화시켜 주고 있다.

추운 기후는 고령자의 고혈압, 심근경색, 기관지염, 폐렴, 뇌졸중 등의 발병률이 높게 나타나는 요인이 되는데 오키나와는 온난한 기후가 이러한 질병의 발병률을 낮춰주고 있다.

(9) 풍부한 일광

일광이 풍부하여 피부를 통해 비타민 D를 충분히 만들 수 있어 정상적인 뼈 발육과 칼슘·인의 흡수를 돕는다. 또한 고령자의 골연화증을 예방하여 노인이 되어 허리가 굽는 것을 예방한다. 오키나와에서는 허리가 굽은 노인을 보기가 어려운데 이는 풍부한 일광 덕분이라고 할 수 있다.

【그림 1-14】 오싱어먹불로 만든 오키나와 전통음식

【그림 1-15】 오키나와식 돼지고기찜

【그림 1-16】 자색고구마 국수

【그림 1-17】 오키나와식 어묵

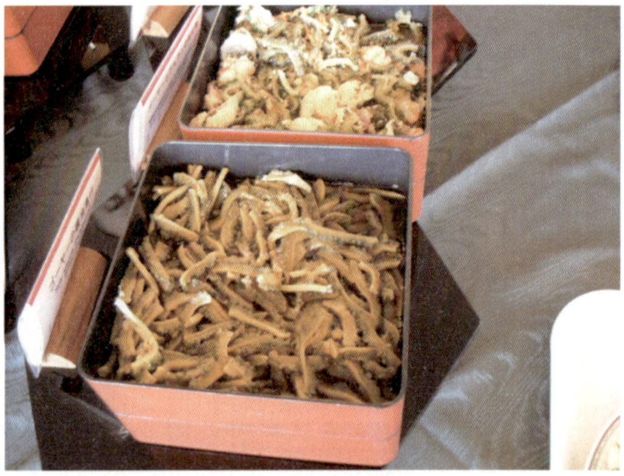

【그림 1-18】 오키나와의 쓴맛 멜론 절임

CHAPTER 02

중국

1. 자연환경

중국은 수천 년의 역사와 문화를 지니고 있을 뿐만 아니라, 국토가 방대하여 자원이 풍부하고 지역마다 기후, 풍토, 생활 습관이 달라 생산되는 식품도 매우 다양하다. 한족이 90%를 차지하고 있으며 그 외 55개의 소수민족이 모여 산다. 이들 소수민족을 통하여 예로부터 중국 음식 전통의 중요한 부분을 구성하는 작물이나 조리법이 전해졌다. 즉 중앙아시아 방면에서는 밀과 분식 문화에 따른 제분기술, 오븐 식의 화덕, 서양요리 기술이 전래되고, 동남아시아와 일련의 지대인 서남 중국 소수민족 지역에서는 벼농사, 차 등이 전해져서 다양한 식생활 문화를 형성하는 데 기여했다. 특히 북쪽 지역의 몽골족과 서쪽 신강 지역의 위구르족, 서남쪽 고원지대의 티베트족 등은 오늘날까지도 자신들만의 전통적인 문화를 보존하고 있다.

또 광대한 국토에 비하여 해안선이 짧은 전형적인 대륙국가여서 해수어보다는 담수어 이용이 많다. 기후를 보면 3유형 7기후로 나뉘는데 남부 지역은 열대 다우, 중부 지역의 양쯔강 하류는 온대 습윤, 서부 지역은 온대 몬순, 북부 지역은 냉대 하계 습윤 기후로 지역마다 차이가 크다. 방대한 중국의 영토에 따른 다양한 기후와 지역성은 각 지역 특유의 식문화를 형성하는 계기가 되었다.

2. 중국 음식의 역사

약 50만 년 전에 최초로 불을 사용하였다고 알려져 있으며 고대에는 화전경작을 하였는데 그 후 일부 저지대에서는 벼농사를 지었다.

주 시대(B.C. 1122~770), 전한 시대(B.C. 202~24)에는 철의 발견과 사용으로 호미와 낫 등 철제 농기구의 사용이 본격화되고, 우경(牛耕)의 시작으로 경지가 확장되면서 농업의 현저한 발전을 가져왔다. 서방에서는 파, 마늘, 참깨, 포도가 들어오고 남방에서는 가지, 토란이 들어와서 식생활이 풍부해졌다.

후한 시대(25~220)에 들어와서 중농 정책으로 농업생산이 현저하게 증가했고 화중 지역에서 벼의 재배가 크게 늘었다. 또 직파법과 이식법도 도입되었고, 식해가 널리 이용되기도 하였다. 이 시대에 농업과 음식의 관계를 집대성한 「제민요술」이 집필되었는데, 술, 식초, 장, 누룩 등의 제법을 구체적으로 기록하고 있어 음식 문화 연구에 귀중한 자료가 되고 있다.

이후 수와 당 시대(581~907)는 인구 증가와 더불어 경제적으로 번영을 누리던 시대로, 당나라는 화북의 조, 옥수수, 보리, 기장 등의 농업과 함께 강남의 벼농사가 발달하였다. 또 사탕수수, 차, 목화가 처음 재배되어 생활필수품으로 보급되었고, 인도와의 교역으로 음식 문화도 함께 유입되었으며, 실크로드를 통하여 유럽의 음식 문화도 유입되었다.

송대(960~1279)에는 강남이 농업 생산의 중심지가 되었으며 이모작이 가능해졌고, 차의 재배가 사천, 복건, 강서에 확대되었고 정부는 차를 전매하여 큰 이익을 얻기도 하였다. 또한 고대에서 근대, 현대로 접어드는 분기점의 시대여서 음식에 관련된 책이 많이 간행되었다.

이어 명대(1368~1668)에는 벼의 품종 개량과 농업기술의 발전으로 벼의 이모작이 이루어졌고 명나라 말기에는 고구마, 감자, 옥수수, 땅콩, 해바라기, 담배 등 외래 작물이 보급되었으며 청대(1643~1912)에는 이들 작물이 중요한 농작물이 되었다.

【그림 2-1】 한국의 자장면 박물관 내부(인천)

3. 음식 문화의 특징

중국인들은 매우 다양한 음식을 먹는데, 그 이유는 반복되는 자연재해로 식량부족을 겪으면서 그들 나름대로 식용 가능한 재료(곤충, 제비집)를 구황식품으로 많이 개발하였기 때문이다. 또한 광대한 영토를 가지고 있기 때문에 각 지역마다 독특한 음식 문화를 형성하고 있다.

(1) 일반적인 특징

1) 다양한 재료의 선택성

음식에 사용하는 식재료의 종류가 매우 다양하여 식용 가능한 모든 동식물이 그 대상이 된다. 특히 상어 지느러미, 제비집, 오리 피, 생선 내장, 돼지 내장이나 껍질 등을 이용한 요리가 있으며 그 종류가 매우 많고 풍부하다. 일 년 내내 건조물을 많이 사용하여 그 풍부함을 더하고 있다.

2) 기름의 사용

중국 요리는 대부분 기름을 사용하는데 이것이 중국 요리 특유의 맛을 내는 데 크게 기여한다. 거의 기름에서 연기가 날 정도로 고온 단시간 조리하고 기름에 파, 마늘, 생강 등의 향신료를 넣어 독특한 맛을 첨가하는 것이 특징이다.

3) 숙식 위주의 식습관

반드시 불이나 뜨거운 물을 사용하여 익혀먹는 조리법이 기본이다. 이 전통은 오래전부터 이어져 오고 있으며 현재에도 생식은 하지 않고, 반드시 익혀서 먹는 식습관이 자리 잡고 있다. 숙식의 식습관은 다양한 조리법을 발전시키는 데도 크게 기여하였다.

4) 조미료와 향신료의 종류가 풍부하고 세련됨

중국 요리에 쓰이는 조미료와 향신료는 매우 다양하며, 특히 간장과 된장을 독특하게 사용한다. 예를 들어 가열한 냄비에 간장을 둘러 캐러멜화하고, 간장 특유의 향미를 재료에 옮겨 독특한 맛을 낸다. 튀김을 할 때도 재료에 간장을 넣어 조미하여 튀기면 높은 기름 온도로 간장 속의 당분이 갈변하여 보기 좋은 색과 맛을 낸다.

그 외 독특한 향신료를 많이 사용하여 중국 요리 특유의 맛을 내고 있다.

5) 조리 기구가 간단하고 사용이 용이

비교적 조리 기구의 가짓수가 적고 사용법도 간단하다. 중국 냄비, 중국 프라이팬, 찜통, 그물국자 등만 있으면 다양한 조리가 가능하다.

6) 풍요롭고 화려한 외양

밥과 국 외에 부식은 한 그릇에 한 가지 요리를 수북이 담아 개개인이 그 한 그릇의 요리를 나누어 먹으면서 친숙한 분위기를 조성하며 풍성한 느낌을 갖게 한다. 또한 장식도 화려한 편이다.

7) 음식과 보신

예로부터 중국인은 '약으로 보신하는 것보다 음식으로 보신하는 것이 좋다'는 인식이 강하다. 이 말은 평소에 좋은 음식을 균형 있게 섭취하는 것이 건강에 좋다는 의미이다. 중국인의 음식 요법은 첫째, 식품을 주재료로 하고 이에 상응하는 약용 식품을 부재료로 하여 약효를 극대화하는 방법을 이용한다. 예를 들면 돼지 내장에 인삼을 배합하여 식용함으로써 허약한 몸을 보하는 방법이 그것이다. 둘째는 약용 식품에 식품을 부재료로 사용하는 방법이다. 구기자를 주재료로 하여 동물 내장을 첨가하여 양기를 보하는 방법 같은 것이다. 셋째는 식품과 식품을 배합하여 건강을 도모하는 방법으로, 오골계와 버섯을 끓여 먹으면 허약한 몸을 보할 수 있다. 넷째는 약용 식품과 약용 식품을 결합하여 약효를 극대화시키는 방법으로, 가령 제비꽃에 녹두를 넣어 먹으면 열을 내리고 해독 작용을 하게 된다. 여기에 음양오행설 등이 결합되어 도교적 음식관이 형성되었다. 현재에도 식사를 통하여 불로장수를 누리려는 생각이 강하다.

(2) 지역별 요리 특징

1) 북경 요리(베이징 요리)

북경 요리는 일명 경채(京菜)라고 하며, 지리적으로 한랭한 지역에 위치하여 칼로리가 높은 음식이 요구되기 때문에 육류를 중심으로 짧은 시간에 조리하는 튀김 요리와 볶음 요리가 특징인 전형적인 북방 요리에 속한다. 북방민족이 즐겨 먹는 고기는 양고기와 오리고기, 닭고기로 주로 이것들이 재료로 사용된다. 특히 세계적인 명성을 얻고 있는 북경오리통구이는 독특하게 키워 살이 찐 오리를 화덕에 구움으로써 껍질은 바삭하게 하면서 살은 연하게 조리하는 오리 요리이다. 또한 북경 요리는 음식이 신선하고 부드러우며, 짜거나 시거나 달지 않은 담백한 맛을 지니고 있다는 점이 특징이다.

북경 요리는 궁중 요리와 소수민족, 산동 요리의 색채를 고루 지니고 있다. 신선로를 이용한 조리법을 쓰기도 하며 화북평야에서 생산되는 밀을 이용한 면류, 만두, 떡 등 가루음식이 발달하였다.

2) 사천 요리(쓰촨 요리)

천채라고도 하며 양쯔강 상류 지역에서 발달한 요리이다. 사천 지역은 분지로 여름에는 덥고 겨울에는 추운 기후를 특징으로 하여 더위와 추위의 악천후를 견뎌내기 위해 향신료를 많이 쓴 요리가 발달해왔다. 따라서 조미료가 복잡 다양하며 고추, 산초, 후추, 파, 마늘, 날생강, 두반장 등을 많이 사용한 자극적인 음식이 많다. 습관적으로 삼초(후추, 고추, 산초)를 많이 사용하여 맛이 진하고 매우며 신맛이 강하고 기름기가 많은 편이다.

산악지대에서 나오는 암염은 소금절이의 밑받침이 되었으며 이에 따라 식품의 보존법도 발달하여 염장식품과 건어물이 많다.

중국인이 가장 좋아하는 요리가 사천 요리라고 하는데 채소와 육류를 이용하여 볶거나 찐 요리가 많다. 두부와 다진 고기를 이용한 마파두부, 새우 고추장 볶음인 간사오 밍샤 등이 유명하다.

중국 음식 중 한국인의 입맛에 가장 맞는 요리라고 할 수 있다.

3) 상해 요리(상하이 요리)

중국 중부의 대표적인 요리로 양쯔강 하류 지역에서 발달하였으며 해산물 요리가 가장 큰 특징이다. 상해와 소주, 양주 등의 요리를 총칭하는데 상해는 따뜻한 기후와 풍부한 농산물, 갖가지 해산물의 집산지로 다양한 요리가 발달하게 되었다. 특히 이 지역 특산물인 장류를 써서 만드는 요리는 매우 독특하다.

【그림 2-2】 진간장을 넣어 만든 상해 요리

【그림 2-3】 상해의 중식당

또 간장과 설탕을 써서 날콤하게 맛을 내고 기름기가 많으며 맛이 진한 것이 특징이다. 화려한 장식은 거의 하지 않고 모양보다 깊은 맛에 중점을 둔다.

쌀 생산지로도 유명하기 때문에 쌀밥에 어울리는 요리가 발달한 점도 하나의 특징이다.

꽃 모양의 빵인 화쥐안(花卷), 만두의 일종인 탕바오, 돼지고기에 진간장을 넣어서 만든 요리, 한 마리 생선을 가지고 머리에서 꼬리까지 조리와 양념을 달리해서 맛을 내는 생선 요리가 유명하다.

상하이의 예원거리 안에 있는 남상만두집(딤섬 백년 역사를 가진 집)의 만두는 즙이 많아 특히 맛있으며, 상해노반점은 260여 년 된 역사를 지닌 음식점으로 게, 해삼, 장어 요리가 일품이다.

【그림 2-4】 중국의 딤섬

4) 광동 요리(광둥 요리)

광동 요리는 아열대 남방계 중국 요리의 대표로 광주와 조주, 동강 등 광둥성 3개 도시의 요리를 총칭한다. 예로부터 이 지역은 외국과의 상업 무역이 발달하고 교류도 빈번한 곳으로 중국 어느 지역보다도 외국의 영향을 많이 받은 곳이다. 또한 외국에 많이 알려진 요리로 중국 요리라면 광동 요리라 할 정도이다.

특히 타 지역에 비해 담백한 양념으로 맛이 부드럽고 느끼하지 않다. 또한 서구 요리의 영향을 받아 쇠고기, 서양 야채, 토마토 케첩, 우스터 소스 등 서양요리의 재료와 조미료를 받아들인 요리도 있다. 또한 재료를 지나치게 익히지 않고 비교적 간을 싱겁게 하며, 기름도 적게 쓰고 음식의 색채와 장식에 중점을 두어 산뜻한 생것의 맛을 낸다. 이러한 서구적 변화를 소화하여 서구풍의 중국 음식으로 발전시킨 것이 광동 요리이다.

대표적인 광동 요리로는 구운 돼지고기, 어린 통돼지구이, 상어지느러미 요리가 있으며 우리에게 잘 알려진 광동식 탕수육과 팔보채 등도 광동 음식이다.

(3) 손님 접대를 위한 음식

식단은 종합적인 식사의 사전 계획을 뜻하는 말로 전채, 주채, 뎬신으로 나누어 준비한다.

식단의 가짓수는 식사 인원에 따라 결정한다. 음식 가짓수는 인원수만큼 또는 인원수보다 한 가지 정도 많이 준비하는 것이 통례이고 가능하면 짝수로 준비한다.

1) 전채

연석에서 맨 처음 나오는 음식으로 두 종류 이상의 냉채를 접시에 담아낸다. 술안주 격인 음식을 4, 6, 8 등 짝수로 각기 다른 작은 접시에 담아내거나 큰 접시에 담아낸다.

큰 연회에서는 꽃, 새, 달을 본떠서 예술적으로 화려한 전채를 만든다.

2) 주채

중심이 되는 요리로 튀김, 볶음, 류채, 조림과 고기구이인 고채 중 몇 가지를 내고 수프인 탕채로 마감을 한다.

주채 중 처음에 내는 것을 두채라 하고 연석의 수준을 가늠하는 요리이다. 두채에 제비집을 쓰면 연채석, 전복을 쓰면 포어석, 상어지느러미를 쓰면 어시석이라 한다.

전문 중국 음식점에서 식단을 짤 때에는 서양식 서빙 순서에 의해 전채, 탕채, 생선, 고기요리 순으로 음식을 낸다. 또한 진한 맛의 음식에서 담백한 음식으로 이어지도록 하고 색도 진한색에서 연한색으로, 바다 산물에서 육지 산물로 이어지도록 배려한다.

3) 뎬신

간단한 식사 또는 디저트로 달콤한 것과 짠맛을 내는 것이 있다.

찹쌀 과자, 튀김 과자, 찐만두, 국수 등이 많이 이용되며 때로 과일을 내기도 한다.

4. 중국의 명절

(1) 원단(춘제)

음력 1월 1일을 말하는데 중국의 최대 명절이다. 다른 어느 나라보다도 풍성한 음식을 준비하는 중국은 12월 31일 밤 온가족이 모여 조상을 위한 차례를 지낸다.

그믐날 저녁상에 생선을 통째로 요리하여 올리는데, 그대로 보기만 하고 먹지는 않는다. 이는 물고기의 '어(漁)' 발음과 여유(餘裕)의 '여(餘)' 발음이 같아 생선을 먹으면 여유 없이 생활한다는 뜻이 되기 때문이다.

1월 1일 새해를 알리는 종이 울리면 폭죽과 불꽃놀이로 분위기를 돋우면서 액운을 띄워 보내고 풍년을 기원한다. 정월 초하룻날 아침에 중국의 북쪽 지역은 물만두를 먹는데, 만두를 빚을 때 만두 속에 사탕이나 땅콩, 동전, 찹쌀떡, 대추 등을 넣어 빚는다. 사탕은 앞으로 일 년 동안 사탕처럼 달콤하게 살라는 뜻이고 대추는 자식을 낳으라는 의미이며 땅콩은 득남하라는 뜻이다. 또 동전을 넣기도 하는데 이는 먹지는 못하지만 한 해 동안의 금전운을 의미하고, 찹쌀떡은 승진을 축하한다는 의미이다. 이처럼 북쪽 지역은 물만두를 먹는 데 비해 남쪽 지역은 찹쌀경단을 만들어 먹는다. 무, 간새우, 표고버섯 등을 찹쌀가루에 넣어서 찐 무떡을 만들어서 이웃과 나누어 먹기도 한다. 그 외 두부, 전병, 유각(튀긴 과자) 등의 설음식이 있다.

음식 장만은 모두 설날 전에 하고 설날 하루는 하루 종일 칼을 사용하지 않는데, 칼을 사용하면 새해에 오는 행운을 자르기 때문이라 생각하여 금한다.

(2) 단오절

음력 5월 5일 단오절에는 댓잎으로 찹쌀밥을 싸서 만든 떡의 일종인 쭝쯔를 만들어 먹는다. 원래는 댓잎에 찹쌀만 넣어서 실로 묶어 찐 다음 식혀서 먹었는데, 지역에 따라 약간의 차이가 있으나 오늘날에는 찹쌀 속에 팥이나 돼지고기, 대추, 새우 등 다양한 재료를 넣어 만들며 식히지 않고 따끈하게 먹는다.

【그림 2-5】 댓잎으로 찹쌀을 싸서 찐 쭝쯔

(3) 중추절

음력 8월 15일로 원단과 함께 대표적인 명절이다. 전통적으로 보름달을 상징하는 월병을 먹는다. 이는 송나라 때부터 먹기 시작한 것으로 기록되어 있으나 월병이라는 명칭을 정식으로 쓰기 시작한 것은 명나라 때부터라고 한다.

과자와 빵의 중간 형태인 월병은 지역에 따라 여러 가지 소를 넣어 만드는데 물 없이 반죽하는 것이 특징으로 건과일, 견과류와 씨앗류를 넣어 비교적 달게 만든다.

중추절이 되면 월병을 사서 가까운 친지나 지인들에게 선물하고 보름달을 보면서 먹는다.

5. 대표 음식

(1) 해파리 냉채

해파리와 오이를 주재료로 하고 여기에 여러 가지 재료를 넣어 만든 요리이다. 소스는 육수, 마늘 다진 것, 겨자, 간장, 설탕, 식초, 참기름을 넣어서 만든다.

(2) 양장피 잡채

해물, 야채, 쇠고기 등 갖가지 재료들을 가지고 만든 요리로 모양이 화려하다.

(3) 광동식 탕수육

탕수육은 한국에도 잘 알려진 중국의 대표적인 요리 중 하나로, 설탕과 식초가 들어가 새콤달콤한 음식이다.

(4) 깐풍기

튀긴 닭고기에 매콤한 소스를 끼얹어 먹는 요리로 느끼하지 않고 밥반찬으로 좋은 요리이다.

(5) 제비집 맑은 국

제비집을 모양이 부서지지 않게 준비하여 뜨거운 물에 담갔다가 물기를 뺀다. 그런 다음 햄과 오이는 골패 모양으로 썰어 물을 붓고 국물을 만들고 이것을 준비한 제비집에 부어낸 요리로 특별한 맛은 없으나 밥을 맛있게 하여 곁들인다.

중국에서는 제비집을 연와라 한다. 중국 남쪽 해안에 사는 금사연이라는 제비들은 해초나 작은 물고기를 물어다가 해안절벽에 집을 짓는데, 제비의 입에서 나오는 점액질에 의해 해초가 젤라틴처럼 바뀌면서 둥지로 굳어진 것이 제비집이다. 이 제비집은 채취하기가 어려워 가격이 비싸다. 해초만으로 맨 처음 지은 집을 관연이라고 하는데, 색이 희고 잡물이 없으며 이것을 최상품으로 친다. 색이 흰 것이 상품이고 회색이나 흑색에 가까운 것은 하등품이다. 먹을 때에는 구멍 뚫린 스푼으로 제비집을 건져 먹고 구멍 없는 스푼으로 국물을 떠먹는다.

(6) 누룽지탕

별미로 먹는 유명한 요리로, 볶은 해산물과 야채를 넣은 다음 뜨거운 육수를 붓고 끓이다가 물에 풀어 놓은 녹말가루를 넣어 걸쭉해지면 참기름을 넣는다. 이 국물을 튀겨놓은 찹쌀 누룽지에 붓는다.

(7) 불도장

해삼, 새우, 전복, 샤스핀(상어지느러미), 조개, 버섯, 죽순, 대추, 토란, 닭다리, 돼지갈비 등 산해진미를 다 넣어 4시간 이상 푹 달여서 만든 맛있는 요리이다.

부처님도 이 냄새를 맡고 담을 넘어 왔다는 시에서 이름이 붙여졌다고 한다.

6. 차

세계 여러 나라에서 마시는 차의 원산지는 중국의 윈난성, 쓰촨성 등의 산간지역이며, 처음에는 약으로 사용하였다. 차는 잎을 따서 즉시 열을 가하여 만든 비발효성 차인 녹차(한국은 찻잎을 덖어서 말리고 중국은 찻잎을 쪄서 말린다)와 찻잎에 있는 산화효소를 이용하여 발효시키는 발효차가 있는데, 발효 정도에 따라 우롱차, 홍차 등으로 불린다.

한국은 맛 중심으로, 중국은 향 중심으로, 일본은 색 중심으로 차를 마신다.

(1) 흑차

찻잎을 건조시키기 전에 발효시킨 차로, 찻잎의 색은 흑갈색이고 찻물은 갈황색이다. 특이한 곰팡이 냄새가 있으며 독특한 풍미와 감칠맛이 있는 차로 광동 요리에 잘 어울린다.

(2) 백차

찻잎에 흰털이 많은 것이 특징으로 발효도는 10~20%로 낮으며 천연의 햇빛으로 건조시키고 볶지 않는다. 찻잎은 새하얗고 찻물은 연하다.

(3) 홍차

완전 발효시킨 차로 발효도가 80~90%이며 찻물의 색이 붉은 빛이다. 현재 전 세계에서 마시고 있는 홍차는 중국이 원조이나 영국으로 건너가 유럽으로 퍼졌다. 중국, 영국, 스리랑카, 인도 등의 홍차 산지가 있다. 중국 홍차는 쓴맛이 적고 순한 것이 특징이다.

【그림 2-6】 홍차

(4) 청차(靑茶)

중국 남부와 대만이 주산지이다. 발효 도중에 가마에

넣어 볶아 발효를 중단시킨 차로 발효도는 20~60% 정도의 반발효차이다. 녹차와 홍차의 중간맛으로 식사 후에 마시면 입안이 깔끔하고 소화가 잘된다. 대만의 우롱차, 문산의 포종차가 대표적이다.

【그림 2-7】 녹차

(5) 녹차

찻잎을 따서 바로 가열하여 발효시키지 않은 차로 용정차가 대표적이다. 뜨거운 그릇에서 찻잎을 눌러가며 볶는 방법이 정통 중국식이라고 할 수 있다.

(6) 화차(花茶)

찻잎에 꽃의 향기를 섞은 차로 녹차를 기본으로 하여 제조되며, 꽃의 향기가 풍부하여 냄새가 있는 요리에 어울린다. 대표적인 곡첸성의 모리화차는 자스민 향을 첨가한 차로 북경 요리와 사천 요리에 잘 어울린다. 일명 자스민 차라고도 한다.

7. 식사 예절

중국 음식은 큰 식탁에 둘러앉아 큰 접시에 나오는 음식을 여러 사람이 나누어 먹는 방식이다. 좌석은 주빈이 되는 손님이 맨 안쪽인 상좌에 앉도록 배치하며, 주빈 주변에 친한 친구나 가까운 친지를 앉게 하고 주인은 문 쪽에 앉는다.

음식이 나오면 주빈 앞에 놓아 먼저 먹도록 한다. 식사 시 숟가락은 국을 먹을 때만 쓰고 밥이나 국수를 비롯한 다른 음식을 먹을 때는 젓가락을 사용한다. 식탁 중앙에 덜어먹을 때 쓰는 앞접시를 놓으며, 왼쪽에 국물을 담기에 알맞은 작고 깊은 그릇을 놓고 오른쪽에 젓가락과 숟가락을 놓는다. 그 다음에 긴 나무젓가락과 사기로 만든 숟가락을 수저받침 위에 놓는다. 식탁 중앙에 있는 회전대를 돌려 음식을 개인접시에 덜어 담는데 요리의 분량은 인원수에 대한 할당량을 짐작해서 더는 것이 좋다.

요리를 권하는 순서는 전채, 주채, 뎬신의 차례로 한다. 식단은 보통 짝수로 하는데, 2, 4, 6, 8과 같은 짝수를 재수 있는 수로 여기는 관습이 있다. 손님의 수가 많아지면 양을 늘리는 것이 아니라 가짓수를 추가하여 음식을 준비한다.

전채는 4개의 세트 접시에 각각 다른 종류로 4가지나 8가지 요리를 담는다. 주채는 전채

다음에 나오는 주요 요리로 규모나 인원수에 따라 내용이 다르다. 보통 4, 6, 8 등의 짝수로 준비하며 수프, 튀김, 볶음, 양념장의 순서로 나오는 것이 보통이다. 뎬신은 간단한 식사 또는 디저트를 말하는데 찹쌀 과자, 찐만두, 튀김 과자 등이 이에 해당된다.

술은 주인이 술주전자를 주객부터 차례로 오른쪽으로 돌면서 따라 준 다음 건배를 하는데, 술을 즐기지 않더라도 처음부터 사양하는 것은 실례이므로 처음 잔은 받아서 입에 대는 것이 좋으며 그 후에는 "마시지 못합니다."라고 가볍게 사양하는 것이 좋다.

모든 요리가 끝나면 차나 과일이 나오는데 때로 자리를 옮겨서 별실에서 차를 마시는 경우도 있다. 중국식 찻잔(뚜껑 있는 찻잔)으로 마실 경우에는 찻잔에 1인분의 찻잎을 넣고 끓는 물을 부어 향기가 날아가지 않도록 뚜껑을 덮어서 손님에게 권하며, 손님도 오른손으로 받아 뚜껑을 열어 놓은 채로 마시는데 더 청할 때에는 뚜껑을 열어 두면 끓는 물을 다시 부어준다.

【그림 2-8】 중국식 식탁 테이블

CHAPTER 03

태국

1. 자연환경

태국은 지리적으로 열대 몬순에 속해 있다. 예로부터 비옥한 땅과 풍부한 물과 햇빛이 있는 곡창지대로 질이 좋은 쌀이 생산되고, 열대 과일과 향신료가 풍부한 나라이다.

내륙의 강과 운하에는 민물고기가 많고 남부 지역은 바다와 접하여 해산물이 풍부하다.

또한 태국은 외세의 침입을 한 번도 받지 않은 아시아 유일의 나라인 까닭에 태국인들은 오랜 역사 속에서 자유와 평화를 누리면서 맛 좋고 영양가 높은 양질의 음식을 먹는 풍요로운 삶을 살아왔다.

전통 불교 국가인 태국은 찬란한 불교 문화를 바탕으로 일찍부터 관광산업 국가로 발전해온 국가이기도 하다. 이 때문에 태국 음식 문화가 더욱 발달하게 되었으며 각종 해산물과 향신료를 이용하여 태국 특유의 음식 문화를 형성하게 되었다.

【그림 3-1】 태국의 탑

2. 음식 문화의 특징

프랑스와 중국 음식과 더불어 세계의 3대 맛있는 음식으로 꼽히고 있는 태국 음식은 중국과 인도 및 포르투갈의 영향을 받아 독특한 음식 문화를 발달시켰다. 고기를 금하지는 않지만 육류는 본래의 형태를 알아볼 수 없도록 토막을 내어 판매한다.

또한 코코넛 열매의 달콤한 향기와 코코넛 밀크의 부드러운 맛을 음식에 넣어 특유의 맛을 내고 그 외 마늘, 생강, 후추, 레몬, 레몬그라스(신맛) 등의 향신료를 듬뿍 사용하여 독특한 향기가 나며 짜고 달고 시고 매운 것이 태국 음식의 특징이다.

【그림 3-2】 수상가옥

(1) 다양한 쌀요리

세계적인 곡창지대로 쌀이 풍부하여 쌀을 이용한 요리가 많다. 즉 밥, 죽, 떡, 쌀국수 등을 먹는데 중부와 남부는 멥쌀을 주로 먹고 북부 지역은 찹쌀을 주식으로 한다.

(2) 중국의 영향을 많이 받은 음식 문화

중국 남부인 광둥성과 푸젠성 주변에서 이주한 중국인들이 많아 중국 음식 문화의 영향을 많이 받았다. 젓가락을 사용하고 중국식 튀김냄비를 사용하여 볶는 요리가 많으며 면류가 많고 양념으로 장류와 생선의 액젓을 주로 사용하는 것이 그 예이다.

(3) 불교의 영향을 받은 식문화

불교신자가 많은 태국은 매일 아침 탁발스님을 위한 공양음식을 준비하며, 현재에도 남자는 성인이 되면 잠시 승려생활을 해야 하는 엄격한 불교국가이다. 그러나 육식에 대한 제한은 없으며 돼지고기와 생선을 즐겨 먹는다. 해산물 요리는 태국의 대표 음식으로 자리 잡고 있다.

(4) 열대 과일이 풍부

계절에 따라 다양한 열대 과일이 생산되어 열대 지역에서 생활하는 데 필요한 수분 공급을 해주는데 망고, 망고스틴, 두리안, 파인애플, 리치, 바나나, 코코넛과 오렌지 등 감귤류가 생산된다. 특히 코코넛은 여러 용도로 이용되는데 수액은 음료로, 꽃은 수액을 채취하여 졸여서 팜슈가로 만들어 단맛을 내는 데 이용되고 지방은 코코넛 밀크를 만들어 사용한다.

(5) 어장 문화의 발달

동북아 지역은 두장(콩) 문화권인데 태국을 비롯한 동남아시아 지역은 어장 문화권이다.

태국의 남쁠라는 물고기와 소금을 버무려 발효시킨 장으로 한국의 액젓과 비슷하다. 태국사람들은 이 남쁠라를 한국의 간장처럼 요리에 양념으로 넣거나 식탁에 항상 두고 이용한다.

(6) 지역의 특성이 반영되는 음식 문화

태국 북부는 고대 라나(Lana) 태국 왕국의 일부인 사원도시가 있으며 미얀마와 라오스 국경을 접한 오지이다. 밥 대신 점성이 강한 쪄낸 밥을 좋아하고 대부분 음식이 습식이며 조미료에 소금을 많이 사용하는 특징이 있다. 또 북부의 카레는 태국 중부와 북동부보다 맛이 부드럽다.

한편 북동부 지역은 태국에서 가장 척박한 지역으로 곤충이나 벌레, 메뚜기, 굼벵이, 달팽이 등 특이한 식재료가 많으며 칠리를 많이 사용하여 맵고 자극적인 것이 특징이다.

방콕을 중심으로 한 중부 지역은 땅이 비옥하고 오래전부터 태국의 문화·경제의 중심이 된 곳으로 멥쌀을 주식으로 하며, 코코넛 밀크, 고추, 박하를 사용한 걸쭉한 음식이 많다.

남부 지역은 코코넛이 사용되는 음식이 많고 향신료를 많이 사용한다. 신선한 해산물인 가재, 게, 조개, 새우, 관자 등을 많이 사용하며 바나나, 망고스틴, 작고 달콤한 파인애플 등이 많이 난다.

3. 식사 형태

식단 구성 방법은 질감이 같은 요리를 동시에 사용하지 않으며 요리의 주재료가 겹치지 않도록 하고 채소도 중복되지 않도록 한다.

보통 아침은 죽을 먹고 점심은 밥과 반찬, 또는 면류나 만두를 먹는다. 저녁 식사는 하루 중 가장 중심이 되는 식사로 밥에 생선구이, 찜, 카레를 넣은 요리와 달걀요리, 육포, 염장어 등을 먹는다.

밥그릇은 큰 그릇에 담아 식탁 가운데 두고 반찬을 밥 주위에 두며 개인접시에 먹을 만큼 덜어서 먹는다. 식사에는 포크와 스푼을 사용하는데, 포크를 입에 대는 것은 예의에 어긋나며 포크는 음식을 스푼에 담는 데에만 사용한다. 젓가락은 중국 스타일의 음식을 먹을 때만 사용한다.

4. 대표 음식

풍부한 해산물과 열대 과일에 독특한 향의 향신료와 양념을 사용하여 만든 태국 음식은 자극적이고 화려한 맛이 그 특징이다.

(1) 카오팟(볶음밥)

대중들에게 인기가 높은 식사이다. 재료로 보통 새우, 오징어, 닭고기, 돼지고기, 달걀 등과 여러 가지 채소가 사용되고 남쁠라로 맛을 낸다. 그릇에 담을 때 오이나 양파, 실파 등을 곁들이고 위에 고수나 고추, 달걀지단, 다진 땅콩을 뿌린다.

(2) 꿔띠우(쌀국수)

쌀로 만든 국수로 기름에 튀기거나 볶거나 국물에 말아서 먹는데 간장, 설탕, 식초, 고춧가루를 섞어 입맛에 맞도록 조절하여 먹는다.

【그림 3-3】 쌀국수

(3) 똠얌(Tom yum)

얌(고추, 남쁠라, 라임을 섞은 맵고 신 소스)을 넣어 끓인 맵고 신 수프를 말하는데 숯불이 들어 있는 신선로판인 '모'에 넣어서 낸다. 똠얌꿍은 닭고기육수를 낸 다음 레몬그라스, 라임 잎, 갈랑가, 고수, 고추 등의 향신채소를 넣고 끓인 다음 새우를 넣어 끓이며, 독특한 향과 신맛이 나면서 자극적인 매운맛이 나는 태국의 대표적인 수프이다.

똠얌꿍은 태국에서 가장 인기 있는 수프로 중국의 상어지느러미 수프, 프랑스의 부야베스(생선 수프)와 함께 세계 3대 수프로 꼽힌다.

(4) 팟타이(볶음국수)

쌀국수를 양념하여 볶은 것으로 맛이 달고 새콤하여 태국인들에게 인기 있는 음식이다.

CHAPTER 04

말레이시아

1. 자연환경

말레이시아는 말레이 반도의 정중앙을 차지하고 있으며 다민족 국가로 외국 여러 나라의 지배를 받아 토속 음식 문화에 각 나라의 음식 문화가 어우러져 독특한 음식 문화를 형성하고 있다. 또한 고온 다습한 열대우림 기후로 평균 27℃의 여름 날씨가 계속되며, 풍부한 강우량으로 식물이 잘 자라고 땅이 비옥하여 다양한 농산물이 생산된다. 특히 열대 과일과 바나나, 파인애플, 파파야 등이 많이 난다.

국교는 이슬람교이나 중국인은 불교, 인도인은 힌두교를 믿는다.

말레이시아는 다양한 문화와 전통을 가진 나라로 음식 문화가 다채로우며, 13개 주로 형성되어 있는데 각 주마다 독특한 요리가 발달되어 있다.

이처럼 각 주의 개성이 다른 음식 문화를 가진 민족들을 서로 융합시키고 동화시켜 지금의 독특한 말레이시아 고유 음식을 형성하게 되었다.

2. 음식 문화의 특징

(1) 밥 중심(Nasi)

1일 2식이 보편적이며 아침 식사를 매우 중요하게 여긴다.

말레이시아도 쌀 중심의 국가로 길쭉하고 끈기가 없는 쌀에 코코넛 밀크와 소금, 그리고 향신료를 넣어 다양한 종류의 밥을 만들어 먹는다. 찹쌀도 많이 이용하는데 주로 주먹밥이나 바나나밥 등을 만들어 아침 식사 때 먹는다.

식사 전에 미리 준비한 물로 오른손을 씻고 식사를 하는데 이때 왼손은 사용하지 않는다.

(2) 채소보다 육류와 생선을 즐김

동남아 지역에서 육류 소비가 가장 많은 지역으로 채소 재배가 잘되는 기후인데도 불구하고 채소를 중요시하지 않는 경향이 있다.

무슬림과 힌두교, 불교가 공존하는 말레이시아는 닭고기 등 조류를 즐겨 먹는다.

(3) 다양한 향신료 사용

세계 1위를 자랑하는 후추를 비롯하여 생강, 고추, 양파, 계피, 정향, 마늘, 고수, 강황 등 많은 향신료를 사용하여 음식을 만들고 여기에 코코넛 밀크를 듬뿍 넣는다.

3. 대표 음식

(1) 치킨라이스

말레이시아 전역을 통해 가장 널리 알려진 요리로, 쪄서 익힌 닭고기와 닭국물에 삶은 밥을 넣어 만든 것으로 저민 오이와 함께 먹는다. 간장과 칠리소스를 곁들여 먹으면 더욱 맛있다.

(2) 나시레막

튀긴 멸치류에 코코넛 밀크, 밥, 땅콩과 카레를 곁들여 먹는다.

(3) 사떼

쇠고기나 양고기, 닭고기를 향료에 담갔다가 얇은 대나무 껍질에 싸서 맹그로브(소금물에서 잘 자라는 나무)숯으로 바비큐한 요리로, 쌀과 오이, 파인애플, 양파와 곁들여 먹거나 땅콩 소스를 바르고 오이, 양파 슬라이스를 곁들여 먹는데 그 맛이 독특하여 세계인의 입맛을 사로잡는 요리이다.

【그림 4-1】 사떼

(4) 망고스틴

과일의 여왕이라고 불리는 망고스틴은 열대 과일 중 가장 맛있는 과일 중 하나로 검자줏빛이 나는 껍질을 까면 마늘 모양의 반투명한 과육 조각이 들어 있으며 달고 맛이 좋다.

【그림 4-2】 망고스틴

(5) 코코넛

두껍고 딱딱한 껍질을 잘라내면 그 안에 나무껍질 같은 것으로 뒤덮인 열매가 나오는데 이것을 칼로 잘라내면 우윳빛 과즙이 들어 있어 이 과즙을 마신다.

【그림 4-3】 코코넛

CHAPTER 05

필리핀

1. 자연환경

필리핀은 700여 개의 섬으로 이루어져 있으며, 이 지역은 열대성 기후로 고온 다습하고 폭우와 지진이 엄습하는 지역이기도 하다. 북쪽의 루손섬과 남쪽의 민다나오섬 두 곳에 인구의 65%가 거주하고 있고, 여러 종류의 언어를 사용하고 있으나 영어가 공식적으로 통용되고 있다. 식생활 문화에 있어서도 지역에 따라 요리법이 다양하다.

그 중 중국 요리를 변형한 가정 요리가 많고 인구의 90%가 로마 가톨릭 신자이다. 미국 문화에 친근감을 갖고 있는 나라로 도시에서는 미국식 패스트푸드점도 많고 매우 성업 중이다.

식사는 하루에 세 번 먹는데 아침 식사는 달걀이나 구운 생선, 소시지, 고기를 곁들이고 마늘을 넣어 볶은 볶음밥을 먹으며 커피나 뜨거운 초콜릿을 마신다. 점심과 저녁은 규모나 구성 내용이 비슷한데 수프, 생선 또는 고기와 쌀밥, 야채 그리고 신선한 과일이나 후식을 먹는다.

식사 사이에 오전 나절과 오후 늦게 스낵류를 먹는데 이것을 메리엔다(meriendas)라고 한다.

2. 음식 문화의 특징

(1) 주식인 쌀과 풍부한 생선 이용

타로감자와 바나나를 재배하는 근재문화이며 벼농사를 하고 있다. 따라서 쌀밥이 주식이며 흰밥 외에 중국 스타일의 볶음밥류와 쌀가루로 만든 푸토(Puto)라는 쌀케이크를 스낵으로 즐겨 먹고 그 외 반찬으로 구성되어 있다.

고기는 돼지고기를 으뜸으로 치고 있으나 섬나라이므로 해안선이 길어 가장 중요한 부식 재료는 생선이다.

생선은 굽거나 튀겨서 먹지만 항구 가까이 사는 사람들은 신선한 생선을 날것으로 먹기도 한다. 그러나 생선의 약 90%는 소금에 절여 말려 가공한 것을 이용한다.

또한 동남아시아 나라들처럼 향신료가 많이 들어가지 않고 비교적 맛이 순하다. 중국 이민자가 많아 조미료로 도요(toyo)라는 중국 간장을 보통 쓰고 있으나, 북부 섬에서 가장 중요하게 여기는 조미료는 파티스(patis)라는 젓갈이다. 파티스는 으깬 잡어류나 작은 새우에 3 : 1의 비율로 소금을 섞은 것을 큰 통에 담아 만든 젓갈의 맑은 즙액을 가리킨다. 좋은 품질의 파티스는 1년에서 2년 정도 숙성시킨 것으로, 시판되고 있다.

또한 사우사왕(Sawsawan)은 중국 간장인 도요에 니파야자의 수액을 발효시켜 만든 식초를 넣고 마늘을 찧어 섞은 것으로 구운 돼지고기 요리에 곁들여 먹으면 잘 어울린다.

또 아침 식사로 거리에서 사먹는 따오(순두부에 소스와 작은 인절미 알맹이를 섞어 먹는 음식), 점심의 뜨뜨봄봉(보라색 인절미 같은 것을 바나나 껍질에 싸서 먹음), 발룻(오리알을 부화시키기 전에 삶은 것) 등도 별미다.

【그림 5-1】 필리핀 떡

(2) 중국, 스페인과 미국 등 여러 문화의 영향

필리핀은 16세기부터 19세기 말까지 스페인의 식민지였기 때문에 종교와 식생활 문화에 있어서 스페인의 영향을 많이 받았으나 필리핀 음식은 열대의 나라에서 얻기 쉬운 재료들을 이용하여 그들의 입맛에 맞게 변형되어 정착되었다.

그 외 중국인들이 이민하여 중국식이 필리핀화한 것이 많다. 스페인풍의 요리는 최상층의 필리핀 가정에 보급되어서 부활절, 크리스마스, 수호성인의 축일 등을 성대하게 축하할 때 먹는다. 다양한 축제에 준비하는 요리로는 돼지를 숯불에서 통째로 구운 레촌(Lechon)이 유명하다. 반면 중국 요리는 서민의 가정에 보급되어 노점이나 간이식당에는 중국 요리가 많다.

또한 1898년부터 미국의 통치령으로 식생활에 영향을 받아, 마요네즈를 사용한 감자와 닭고기 샐러드 요리, 셀프서비스의 패스트푸드와 햄버거, 콜라, 청량음료 등의 기호식품을 즐겨 먹는다.

3. 대표 음식

(1) 레촌

결혼식이나 잔치 때 많이 먹는 전통 음식으로, 타마린드 잎을 넣고 양념을 하여 숯불에 통돼지를 돌려가며 굽는 통돼지바비큐이다.

(2) 룸피아

얇은 밀전병을 부쳐서 여기에 고기와 채소를 채 썰어 넣고 돌돌 말아 기름에 튀긴 후 간장에 찍어 먹는 요리이다.

(3) 아도보

돼지고기를 크게 토막 내어 기름을 두른 냄비에 넣고 여기에 월계수 잎, 소금, 후추, 설탕과 간장을 넣어 푹 조린 음식이다.

CHAPTER 06

인도

1. 자연환경

인도는 히말라야 산지에 이어진 나라로 남부의 열대성 지역과 중북부의 정글, 사막, 산악 지대 등 다양한 자연환경과 기후를 지니고 있다.

계절은 겨울(건기), 몬순(우기), 여름(혹서기)으로 나눌 수 있는데 우기는 해마다 조금씩 다르나 보통 6~9월에 해당된다. 이때는 습기를 머금은 계절풍이 불어오며 인도 대부분 지역에 비를 뿌리는데, 남동 지역을 제외한 전 지역에 6~9월 사이에 집중적으로 내린다.

우기 이외의 기간은 건기로 대부분 지역의 날씨는 쾌청하다. 이 중 11~2월까지는 겨울이며 북인도는 매우 추우나 동부와 남부는 비교적 춥지 않아 지내기가 쉽다.

또한 4~6월은 혹서기로 매우 더운 여름 날씨가 이어지는데 이러한 지형과 기후의 다양성으로 농산물이 다양하게 생산되고 있다. 음식도 지역과 종교에 따라 매우 다양하고 음식의 색과 맛, 질감이 조화를 이루고 있다.

2. 음식 문화의 특징

인도의 식사 패턴은 지역과 계급에 따라 다른데 보통 스낵류와 함께 충분한 두 끼 식사로 이루어지는 것이 전통적이다.

아침 일찍 우유와 설탕을 넣은 커피와 차를 마시는데 그 양이 많다. 아침 식사는 9시에서 11시 사이에 먹는데 쌀밥 또는 로티(roti)와 과일피클 또는 야채피클, 그리고 사슴고기 스튜 또는 해조류 스튜를 먹는다. 북부 지역은 주로 빵을 주식으로 하며 남부 지역은 쌀을 주식으로 하고 있다. 오후 4시 또는 5시에 두 번째 식사를 하는데 아침 식사 내용과 비슷한 음식을 커피나 차와 함께 먹는다.

【그림 6-1】 인도의 과일 노점상

【그림 6-2】 인도거리의 채소 노점상

(1) 카스트 제도와 식생활

인도인들의 생활을 지배하는 카스트 제도는 식생활에도 영향을 주어 음식을 취급하는 데에도 철저한 계급 의식이 적용되고 있다.

인도의 신분제도는 제사를 담당하는 최상층의 브라만 계급, 정치를 담당하는 크샤트리아, 농사와 목축, 상업에 종사하는 바이샤, 이 세 계층에 봉사해야 하는 수드라로 나뉜다.

조리는 음식을 먹을 사람과 같은 계급이거나 한 계급 높은 사람이 하며 식사를 할 때에도 동일 카스트계급끼리만 한자리에 앉아 식사를 한다.

(2) 인도 국민의 80%는 채식 선호

힌두교와 불교의 영향으로 인도인의 대부분은 채식을 상식으로 하고 있으며 인도 남부의 채소 요리는 오늘날까지 그 명성을 이어오고 있다.

육류는 닭고기, 양고기, 염소고기 등을 이용하고 있으며 생선을 선호하고 채식주의자라도 무정란은 즐겨 먹는다.

(3) 쌀, 빵, 콩 그리고 유제품을 많이 사용

콩 껍질을 벗겨 반으로 쪼개서 상점에서 파는데 이것을 달(dhal)이라고 한다. 이 달을 바탕으로 하는 갖가지 다양한 요리가 있으며 신분의 귀천이나 채식자, 육식자를 불문하고 모두 즐겨 먹는다.

콩 다음으로 많이 먹는 우유는 생우유로 가장 많이 사용하지만 통밀이나 구운 보릿가루로 죽을 쑬 때에도 넣어서 끓인다. 또 우유를 응유시켜 먹는데 응유시킬 때 푸리카라고 불리는 식물성 기름이나 파라스나무 껍질을 넣어 제조한다. 이것을 요구르트로 만들어 밥 위에 뿌려서 먹거나 샐러드를 만들어 먹는다.

인도인들은 새해 아침 마당에 불을 지펴 큰 냄비에 우유와 쌀을 넣고 죽을 끓이는데 이때 죽이 잘 만들어지지 않으면 굉장히 실망한다. 그 이유는 죽의 끓는 정도를 가지고 한 해의 길흉을 읽는 풍습이 있기 때문이다. 잘 끓여진 우유죽은 무화과 잎사귀에 싸서 주위에 선물로 보내기도 한다.

쌀밥은 찰기가 없는 것으로 카레와 함께 먹거나 향신료와 과일, 채소, 고기 등을 넣어 만든 밥을 즐겨 먹는다.

그 외 차파티라고 하는 로티를 먹는데, 차파티는 거친 밀가루를 얇게 반죽하여 기름을 두르지 않고 뜨거운 팬에 구워 낸 것으로 가장 흔히 먹는 인도의 대표적인 빵이다.

(4) 다양한 향신료 사용

주식에서부터 간식에 이르기까지 모든 음식에 향신료를 사용한다. 나무열매나 풀의 씨앗과 뿌리, 잎, 나무껍질, 수액 등 여러 가지를 합하여 만든 향신료의 수가 100여 종이 넘으며 일반 가정에서도 20~30종류는 늘 이용한다.

보통 사용되는 향신료로 고수, 터메릭, 너트메그, 월계수 잎, 아니시드, 타마린드, 후추, 계핏가루, 생강, 마늘, 박하 잎, 칠리페퍼 등을 넣어 맷돌에 갈아 만든 것을 마살라(masala)라고 하는데, 이것을 음식에 따라 적당히 넣어 인도 특유의 맛을 창조하고 있다.

3. 식사 예절

힌두교도는 식사 시에 낮은 걸상을 사용하며, 좌석 배치는 오른쪽에 주인이 앉고 그곳에서부터 왼쪽으로 가면서 연령 순으로 앉는다. 노인과 소년, 소녀는 조금 떨어져 앉으며 성인이 되면 여자는 남자와 식사할 수 없고 다만 남자의 시중을 든다.

상류 계급은 음식을 하루에 두 번 먹는데 정오 때와 오후 늦게 식사를 한다. 음식은 작은 볼에 담아 각자 제공된다.

신앙심이 두터운 정통 힌두교인들은 정오까지 어떠한 음식이나 음료도 먹지 않으나 최근에는 커피나 케이크 조각 등을 가볍게 먹기도 한다.

식사 전에 물로 양손을 씻는다. 식사 때 왼손은 사용하지 않으며 커다란 바나나 잎에 음식을 올려놓고 오른손으로 먹는다. 입안 가득히 음식을 넣고 이야기하지 않으며 아침, 저녁 식사 후에 물로 양치를 한 후 물을 뱉는다. 또한 힌두교도인은 물을 마실 때 컵을 입에 대고 먹지 않고 물을 컵으로 입안에 부어넣어 마시며 식사 중에 이야기는 하지 않는다. 음료로는 북쪽에서는 홍차, 남쪽에서는 커피를 상용하고 있다. 남은 음식은 보통 개나 새에게 준다.

4. 대표 음식

(1) 풀라우(Pulau 또는 Pulao)

우리의 볶음밥과 비슷하며 쌀에 야채, 고기 등을 유지로 볶고 여기에 향신료를 섞어 짓는다.

(2) 난(Nan)

정제한 하얀 밀가루로 구우며, 발효시켜 만든 빵이다. 난은 반죽을 탄두리(진흙화덕) 안쪽 벽면에 넓은 잎사귀 모양으로 얇게 늘여 붙여서 굽는다.

【그림 6-3】 인도의 난

(3) 차파티(Chapati)

밀기울이 든 밀가루를 물로 개고 얇게 반대기를 지어 철판에 구운 것으로, 갓 구운 것이 맛이 담백하다. 통밀로 빻은 밀가루에 소금을 넣고 반죽하여 발효시키지 않고 1~2mm 두께에 지름 20cm 정도의 원판형으로 얇게 밀어서 달군 돌판이나 철판에 굽는다. 난이나 차파티는 양고기, 채소, 과일, 달(콩 수프)을 얹거나 찍어서 반으로 접거나 뜯어서 함께 먹는다.

【그림 6-4】 인도의 카레음식

(4) 카레(Curry)

인도의 대표적인 요리로 밥이나 차파티에 풍미를 더하기 위해 고안한 소스이다. 종류가 다양하며 보통 계피, 육두구, 파프리카 외에 15~16종의 향신료를 섞어 만든다. 야채를 이용한 카레는 프라이팬에 버터를 녹이고 겨자를 넣어 볶는다. 여기에 가지와 토마토를 넣고 볶아서 버터가 잘 녹아 스며들면 달을 쏟아부어 삼바가루(고추, 통후추, 달, 코코넛을 볶아 가루로 만든 것)와 함께 10분쯤 끓인 후 소금으로 간을 맞춘다. 이것을 밥이나 찐만두에 끼얹어 아침 식사를 한다. 우리의 카레보다 맛이 훨씬 강하고 자극적이지만 버터를 많이 사용하여 맛이 깊다.

(5) 도사(Dosa)

쌀을 5~6시간 물에 담근 후 절구로 찧어 반죽을 하고, 여기에 물에 불린 콩을 4 : 1의 비율로 넣고 반죽한다. 반죽을 하룻밤 재운 후 땅콩기름을 바른 철판에 얇게 굽는다. 크레이프라고도 하며 가벼운 식사로 많이 먹는다.

(6) 마살라도사(Masala dosa)

감자 삶은 것을 넣고 반죽하여 철판에 얇게 구운 것으로 코코넛 소스를 곁들여 먹으면 맛이 좋다. 남인도에서 많이 먹는다.

(7) 탄두리 치킨(Tandoori chicken)

북부 인도에서는 큰 항아리처럼 생긴 탄두리라는 진흙 화덕을 이용하여 요리를 하는데, 바닥에 장작불을 피워 충분히 달군 다음 그 안에 식품을 넣어 굽는다. 탄두리 치킨은 닭을 요구르트와 여러 가지 향신료에 재웠다가 쇠꼬챙이에 꿰어서 탄두리에 넣어 구운 요리로, 향신료가 닭고기 속까지 스며들어 맛이 아주 향기롭고 독특하다.

【그림 6-5】 나라별 음식, 향신료

CHAPTER 07

터키

1. 자연환경

터키는 보스포루스해협을 기준으로 유럽 대륙과 아시아 대륙이 공존하고 있으며 북쪽은 흑해, 서쪽은 에게해, 남쪽은 지중해를 접하고 있다.

전형적인 온난성 기후이지만 터키의 독특한 지형으로 인해 기후가 변화무쌍할 때도 있다. 사계절이 뚜렷하여 계절마다 다양한 과일과 채소가 생산된다. 에게해와 흑해를 접하고 있는 서부는 해산물도 풍부하다. 이러한 풍부한 식재료와 오스만투르크 제국의 궁정문화가 만나 터키 요리라는 꽃을 피웠다.

터키의 대부분을 차지하는 인종은 터키족이고 인구의 대부분은 이슬람교를 믿고 있다.

【그림 7-1】 터키 파묵칼레 온천지

【그림 7-2】 터키의 유적

2. 음식 문화의 특징

(1) 아시아와 유럽이 어우러진 다양함

동서양의 교차점이라는 지리상의 이점으로 인해 다른 나라의 음식 문화를 적극적으로 받아들여 화려한 음식 문화를 창조해냈다. 터키인들이 즐겨 먹는 필라프와 요구르트는 페르시아가 기원이며, 바클라바 등의 페이스트리와 레몬소스는 그리스에서 영향을 받았고, 납작한 아랍식 빵과 콩으로 만든 진한 수프는 이집트와 북아프리카 지역에서 전해진 음식이다.

(2) 고기구이의 대명사 – 케밥

육류의 조리는 수프에 넣어서 끓이는 것과 굽는 방법을 주로 이용하는데, 유목민족의 구이법을 특히 선호하여 터키를 대표하는 육류 요리로 수백 가지의 케밥 요리가 있다.

【그림 7-3】 터키의 불거 필라프

재료로는 쇠고기, 양고기, 가금류, 조류가 이용되며 직화로 구워 맛이 독특하다. 특히 전 세계인이 즐겨 먹는 도네르 케밥은 얇게 저며 조미한 양고기를 수직으로 쇠꼬챙이에 꿰어 천천히 돌려 구운 요리로, 피데(터키식 피자: 직접 참나무 화덕에서 구워 맛이 담백하고 종류가 다양함)에 채소와 함께 싸서 먹는다.

(3) 풍부한 채소와 과일, 달콤한 디저트

다양한 채소와 과일이 생산되어 터키인의 식탁에 오르는데 구이를 좋아하는 식성으로 인해 채소도 구워 먹기를 즐긴다.

식후엔 달콤한 디저트(tatli)가 필수 코스로, 과일 외에 케이크, 푸딩 등 다양한 형태의 디저트를 먹는데 공통된 특징은 매우 달다는 것이다.

(4) 터키식 커피와 차

중동 지역에서는 터키식 커피를 즐겨 마시는데 터키인들은 결혼식 때 신랑이 아내에게 커피를 공급하겠다고 맹세할 정도로 이 터키식 커피를 좋아한다.

커피 외에 차이라고 하여 흑해 연안에서 생산되는 찻잎으로 만든 차를 식사와 함께 마시거나 휴식시간에 즐겨 마신다.

(5) 스미트(Smite)

일명 깨빵이라고 하는데 가운데가 비어 있고 모양은 도넛처럼 생겼으며 깨가 많이 붙어있다.

【그림 7-4】 터키의 스미트 빵 거리 진열대

(6) 에크멕

밀가루 반죽을 묽게 하여 얇게 펴서 탄두리 벽에 붙인 후 구운 터키식 빵으로, 크고 얇으며 담백하다.

3. 라마단 음식

터키인의 대부분은 이슬람교도로, 라마단은 가장 큰 종교적 행사이며 한 달간 일출에서 일몰까지 완전한 단식을 한다.

일출 전에 간단히 새벽식사를 하는데 이때에는 빵과 치즈, 올리브, 보렉(만두의 일종), 차 등 차가운 음식으로 가볍게 먹고 일몰 후에는 올리브, 대추야자, 물 등을 먼저 먹고 난 후에 수프와 각종 음식, 라마단피데시(라마단빵), 과일과 달콤한 후식과 차 또는 커피를 마신다.

라마단 마지막 날엔 행진과 전시회, 어린이를 위한 행사가 열리고, 가족모임에서는 여유 있게 전통적인 식사를 즐긴다.

4. 대표 음식

(1) 케밥

터키인들은 주로 양고기를 직화구이하여 먹는데 쉬시 케밥(꼬챙이에 꿰어 구운 꼬치구이), 도네르 케밥(양고기를 얇게 저며 마늘, 양파즙, 박하, 각종 향신료로 재워 쇠꼬챙이에 차곡차곡 끼워 둥글게 원통형으로 쌓아올린 후 숯불로 서서히 돌려가며 화덕 앞에서 구운 숯불회전구이), 쿠유 케밥(진흙통구이), 피르졸라(양갈비구이) 등이 유명하다. 먹는 방식에는 익은 부분을 칼로 잘라내어 토마토, 야채 등과 함께 빵에 끼워서 먹는 햄버거 스타일과 접시에 담아 밥과 함께 먹는 스타일이 있다.

【그림 7-5】 터키의 도네르 케밥

(2) 차이(차)

터키인들이 즐겨 마시는 차로 한번에 2~3잔 정도를 마시는 것이 보통이다.

홍차 맛과 비슷하며 끓이는 시간과 첨가하는 향신료에 따라 맛이 달라진다. 찻집은 남자들이 모여 담소하면서 여가를 즐기는 공간이기도 하다. 그러나 여성은 거의 출입을 하지 않는다.

【그림 7-6】 터키의 차이

(3) 커피

터키식 커피는 커피콩을 오래 볶아 가루를 내고 커피가루와 설탕, 물을 차 끓이는 용기에 담아 끓인다. 물이 끓으면 반을 찻잔에 담고 나머지 반은 졸아들 때까지 끓인 후에 담아, 아래에 앙금이 남고 위에는 맑은 커피가 되도록 하여 마신다.

CHAPTER 08

영국

1. 자연환경

영국은 유럽 대륙의 북서쪽에 위치하고 있는 섬나라로 북서로는 대서양, 동쪽으로는 북해에 접해 있고 남동으로는 도버해협을 사이에 두고 프랑스와 마주하고 있다. 두 개의 섬으로 구성되어 있으며 잉글랜드가 전 국토의 반을 차지하고 다음으로 스코틀랜드, 웨일즈, 북아일랜드, 아일랜드 순이다. 잉글랜드는 완만한 평원지대로 녹색의 전원 풍경과 집이 매우 아름다운 고풍스러운 나라이며, 빨간 이층버스와 버버리로 유명한 나라이기도 하다.

북위 50° 이상에 위치해 있지만 북대서양 난류의 영향으로 기후가 온화한 편이며, 흐리고 비가 내리는 날이 많고 습도가 높다. 봄에는 비가 적으며 겨울철에는 춥지는 않지만 비 오는 날이 많고 바람이 적은 날에는 안개가 많이 낀다.

밀과 보리, 호밀, 호프 등이 경작되고 섬나라이기 때문에 생선을 이용한 요리가 발달하였다.

【그림 8-1】 영국 버킹엄궁전 기병대

2. 음식 문화의 특징

영국은 북대서양 해류와 서안해양성 기후의 영향으로 겨울에도 춥지 않고 여름에도 비교적 덥지 않아 전국이 축산을 하기에 적합하다. 또한 세계 2대 어장인 북동 대서양 어장 가까이 있어 생선이 풍부하고, 밀과 각종 질 좋은 곡물과 채소가 풍부하다.

조리법은 굽거나 찌는 소박한 조리법이 많고 보수적이면서도 유연성을 갖고 있다. 즉 근대에 와서 대영제국으로서 5대양을 지배하게 되면서 인도의 카레 음식, 실론의 홍차 및 열대의 각종 양념을 들여와 음식의 종류가 다양해지는 유연성을 보인다.

영국인들의 아침 식사는 잉글리시 브렉퍼스트(English breakfast)라고 하는데 베이컨과 달걀 또는 소시지와 달걀에 토마토를 프라이한 것, 시리얼(곡류에 우유를 타서 먹음), 오트밀, 훈제 청어와 토마토, 체다 치즈, 토스트, 핫도그, 요구르트와 과일, 양파 피클, 우유, 커피와 홍차 등으로 거창하면서 매우 실속 있는 아침 식사를 한다.

점심 식사는 주로 메인코스와 후식으로 구성된 두 코스로 진행된다. 주중에는 비교적 간단한 식사를 하는데, 중조로 부풀린 빵을 주로 먹고 오트밀도 식사로 많이 먹는다.

영국은 과일이 비싸기 때문에 후식으로 타르트(tart)나 푸딩을 먹는다. 타르트의 경우 달기 때문에 스위트라고도 한다. 그 외 으깬 감자, 감자파이 등도 즐겨 먹고 있다.

저녁 식사는 디너 또는 서퍼(supper)로, 점심을 가볍게 먹은 경우에는 디너로 하고 점심을 정찬으로 한 경우에는 서퍼로 먹는다. 주로 고기와 생선, 감자, 쌀요리, 야채 등으로 구성된다. 음료는 차, 맥주, 위스키를 주로 마시는데 스코틀랜드 위스키는 세계적으로 유명하다.

(1) 단순하고 자연스러운 맛의 음식

음식 재료 자체의 고유의 향기와 맛을 강조하는 것을 중요하게 여겨 양념과 소스만을 사용하고 단순하게 조리하는 것이 보편적이다.

(2) 푸짐한 영국식 아침 식사

영국식 아침 식사는 과일 주스, 시리얼, 베이컨과 달걀 또는 소시지와 달걀 프라이, 훈제 청어와 토마토 등 매우 푸짐하게 아침을 차려 먹어 영국식 아침 식사(English breakfast)라는 말이 따로 생겼다.

빵은 주로 베이킹 소다를 넣어 만든 부풀린 빵으로 영국에서는 빵이나 쿠키, 케이크, 크래커 등을 통칭하여 '비스킷' 이라는 단어를 사용한다.

(3) 전통이 된 차 문화

17세기에 도입된 차는 19세기 인도의 아셈 지역에서 다량의 차를 들여오면서 보편화되기 시작하였다. 아침에 눈뜨는 순간부터 자기 전까지 여러 차례 차를 마시면서 즐긴다.

(4) 펍에서 즐기는 맥주 문화

영국인들이 즐겨 마시는 것은 맥주로, 펍(pub)이라는 동네 선술집에서 간단한 음식을 먹으면서 연인이나 부부, 오래된 친구 또는 가족끼리 부담 없이 담소를 즐기며 각종 맥주를 마신다. 미국인들은 주로 발효맥주를 마시지만 아일랜드에서는 스타우트(stout)란 맥주를 즐겨 마시는데 이 맥주는 흑색으로 매우 농후하고 열량이 높다. 전 세계적으로 유명한 위스키는 보리의 싹을 틔워 발효시켜 증류한 스카치위스키가 유명하다.

(5) 피시 앤드 칩스(Fish and Chips, 생선 프라이와 감자튀김)

섬나라로 대구, 청어, 가자미, 넙치, 새우 등이 풍부해서 즐겨 먹는다. 특히 흰살생선을 밀가루에 튀겨서 감자튀김과 함께 곁들여 먹는다.

3. 대표 음식

(1) 로스트비프(Roast beef)와 요크셔푸딩(Yorkshire pudding)

로스트비프는 가장 연한 안심에 소금과 후추를 뿌린 후 버터를 발라 통째로 오븐에 구운 음식으로, 서양고추냉이 소스를 얹고 요크셔푸딩을 곁들인다.

영국 요리는 단순하고 소박하기 때문에 세련된 맛과 섬세한 맛은 없고 손쉬운 재료를 간단하게 요리하는 것이 특징이다. 요크셔푸딩은 로스트비프의 국물에 밀가루와 물, 소금, 달걀, 우유를 넣고 묽게 반죽하여 오븐에 익혀서 고기와 곁들이는데 달지 않은 것이 특징이다.

(2) 피시 앤드 칩스(Fish and chips, 생선 프라이와 감자튀김)

생선 프라이는 대구, 명태, 청어, 가자미, 고등어 등 생선에 소금과 후추를 뿌리고, 밀가루, 달걀노른자, 맥주와 우유 등을 넣어 만든 튀김옷을 입혀서 튀긴 요리로 소금과 식초를 곁들여 먹는다. 여기에 감자를 손가락 크기로 썰어서 튀긴 감자튀김을 함께 먹는다. 이 식사는 간단한 점심식사나 하이티 등에 두루 먹을 수 있다. 스코틀랜드에서는 훈제 연어 또는 훈제 생선 등을 전채로 먹기도 한다.

(3) 스카치 에그(Scotch egg)

스코틀랜드에서 먹는 음식으로, 푹 익힌 달걀의 껍질을 벗긴 후 반죽한 소시지 고기로 달걀을 다시 싸서 빵가루를 입히고 기름에 튀겨 낸다. 펍에서 간단한 점심식사로 인기가 좋다.

(4) 해기스(Haggis)

스코틀랜드의 전통 음식으로 양이나 송아지의 염통, 허파, 간 등에 쇠기름과 오트밀을 섞어 소금, 후추, 양파 등으로 양념하고 그 동물의 위장 속에 다시 넣어 커다란 소시지처럼 삶아낸 요리이다. 18세기까지는 잉글랜드에서 즐겼으나 이제는 전형적인 스코틀랜드 요리로 취급한다.

(5) 후식

생크림을 얹은 사과 파이가 영국에서 가장 즐겨 먹는 후식이며, 쌀을 불려 우유와 설탕을 넣고 오븐에서 익힌 라이스 푸딩(rice pudding)도 전형적인 후식이다.

4. 홍차 문화

영국에서 차를 최초로 마시기 시작한 것은 찰스 2세의 포르투갈 태생 왕비인 캐서린에 의해서이다. 그 후 100년간 영국 사회에 차 마시는 풍습이 정착됐는데, 특히 19세기 초 빅토리아 여왕이 신사의 나라를 만드는 일환으로 차 문화를 고급문화로 완전히 정착시켰다.

그 후 1820년에 인도의 아셈 지역에서 차를 들여와 중상류층에서 보편화되었다. 영국인이 마시는 홍차는 인도산과 실론산인데, 이것은 찻잎이 마르기 전에 발효시킨 것으로 색이 질다. 주로 블랙타입에는 우유를 타서 마시고, 중국차를 마실 때에는 레몬 조각을 띄워 마신다.

중상류층은 아셈, 다르질링(Darjeeling) 등의 인도산 차와 딤불라(Dimbula) 지역의 실론차 또는 우롱차 등의 고급 중국차를 주로 마시나 보통 일반인은 영국에서 섞어 만든 블렌디드 티(blended tea)를 즐겨 마신다.

(1) Early morning(bed tea)

아침 일찍 잠자리에서 남편이 아내에게 가져다주는 차로 침대 옆에 간단히 차린다.

(2) Breakfast

아침 식사 중에 마시는 차이다.

(3) Elevens

11시경에 티레이디(tea lady)가 차를 서빙한다. 근래에는 거의 없어졌다.

(4) Lunch

점심식사 중에 마시는 차이다.

(5) Afternoon tea(애프터눈 티)

오후 3시에서 4시경 마시는 차로 여성적인 티타임(tea time)이라고 할 수 있다. 영국에서 애프터눈티와 케이크를 같이 대접하는 관습은 1840년 경 베드오드 공작 부인에 의해서 처음 시작되었다.

주로 여성이 중심이 되며 부의 상징인 상류층의 부인들이 오후 3시에서 4시경에 사교의 목적으로 마시는 티파티이다. 어린아이들의 생일 파티, 세례식 축하연, 결혼식의 피로연과 장례식 후에 손님 접대 등이 이 경우에 속한다.

홍차와 비스킷, 케이크류, 샌드위치(작은 크기), 타르트, 머핀, 토스트 등을 버터와 잼, 마멀레이드, 꿀과 곁들여서 같이 먹는 등 지역과 계급에 따라 차이가 있다.

꽃과 삼단 스탠드, 티 포트, 홍차 잔, 냅킨, 샌드위치 접시 등을 준비하고 다이닝룸(dinning room), 리빙룸(living loom), 선룸(sun room), 정원 등에서 티파티를 연다.

【그림 8-2】 애프터눈 티 파티 상차림

(6) High tea(하이티)

오후 5시에서 6시 사이에 차와 곁들여 먹는 저녁 식사를 말하는데 주로 어린이의 저녁식사는 하이티로 끝나며 어른들에게는 하루의 일과를 끝내고 맞이하는 시간이 된다.

주말에, 특히 영화나 연극, 음악회나 발레 등 문화생활을 하고 싶을 때에 하이티로 요기하고 공연이 끝난 후 저녁 식사는 9~10시경 늦게 서퍼로 간단히 먹는다.

하이티는 미트티(meat tea)라고도 하는데 따뜻한 육류나 생선 등이 나오기 때문이다. 그 외 소시지, 햄과 달걀 프라이, 감자튀김, 포크파이(돼지고기 다진 것을 양념하여 파이로 만든 것), 파이, 여러 종류의 샌드위치(햄 샌드위치, 비프스테이크 샌드위치, 치즈와 토마토 샌드위치, 오이 샌드위치)를 한입에 들어갈 정도로 작게 잘라 놓는다.

(7) Dinner

저녁 식사 시간에 마시는 차를 말한다.

5. 영국의 크리스마스

영국의 크리스마스는 11월 중순부터 시작하여 다음해 1월 초까지 이어지는데 칠면조 구이를 준비한다. 먼저 칠면조의 속을 비우고 여기에 파슬리, 햄, 다진 돼지고기, 피스타치오를 다져서 속을 꽉 채운 다음 오븐에서 200℃로 2시간 30분간 구운 후 블루베리 소스를 곁들여 먹는다.

또 잘게 썬 사과, 건포도, 레몬, 설탕, 브랜디, 귤껍질, 고기의 기름과 향신료를 넣어서 만든 민스파이를 구워 먹는데, 이 파이는 크리스마스 이브에 산타클로스 할아버지를 위해 벽난로 위에 올려놓는 파이이기도 하다. 그리고 크리스마스 케이크와 트리를 준비하고 그 앞에서 가족끼리 선물을 교환하면서 크리스마스를 즐기는데 평소에 친분이 있는 사람들끼리 선물이나 다양한 초콜릿을 서로 주고 받는다.

12월 26일은 복싱데이라고 하여 영국에서는 하루 더 휴가를 즐긴다. 복싱데이란 박스(box)의 변형으로 선물을 담는 데 쓰이는 상자란 뜻이다. 오랜 옛날 크리스마스 시즌이 가까워오면 각 성당에서 가난한 사람들을 위해 쓰일 선물이나 돈을 상자에 모으고, 크리스마스 다음날 이 상자를 열어 그 마을의 가난한 사람들에게 나누어주었는데 여기서 유래되었다고 한다. 현재는 우편배달부나 신문배달원, 빌딩관리인들에게 감사하는 마음을 전하고 시민들은 칠면조 고기로 만든 샌드위치를 먹으면서 휴식을 즐기거나 새해 준비를 하면서 즐겁게 시간을 보낸다.

CHAPTER 09

스페인

1. 자연환경

스페인은 프랑스 남서쪽에 있는 피레네 산맥을 경계로 하여 유럽에 연결되어 있는 이베리아반도에 위치해 있는 나라이다. 북쪽의 피레네 산맥은 스페인을 서유럽과 차단하는 역할을 하며, 전 국토의 2/3에 해당하는 땅이 해발 600~1,000m의 광대한 고원 지대의 중심부를 차지하고 있다.

【그림 9-1】 스페인 마을 풍경

기후는 여름에는 건조한 지중해성 기후대에 속하나 지역 차가 매우 크다. 북서부의 갈리시아 지역은 여름에도 강우량이 꽤 많고 삼림도 있으나 내륙부는 매우 건조하고 겨울에는 몹시 춥다. 남부 해안지대와 지중해의 발레아레스제도는 겨울에도 따뜻하여 동계 휴양지로 알려져 있다.

가톨릭이 국교로 총인구의 98% 이상이 가톨릭 신자이며, 역사적으로 고대 그리스와 로마, 그 이후에는 아랍의 영향을 받아 이들 문화가 섞인 독특한 문화를 이루고 있다.

2. 음식 문화의 특징

(1) 향신료를 많이 사용

자극적이고 달콤한 맛을 좋아하는 스페인 사람들은 향신료를 많이 사용하는 것이 특징인데 특히 마늘을 좋아하고 그 외에 고수, 육두구, 정향, 후추, 고추, 생강, 사프란 등을 음식에 많이 사용한다.

또 아랍인들에 의해 들어온 새콤달콤한 맛은 또 다른 맛을 알게 해주는 계기가 되었고, 아자프란(azafran, 사프란 꽃의 꽃술)이라는 노란 천연색소는 요리나 스페인 특유의 파에야 요리에 빼놓을 수 없는 재료이다. 그러나 가격이 비싸서 근래에는 인공색소를 쓰기도 한다.

(2) 올리브오일을 많이 사용

세계적으로 올리브를 가장 많이 생산하는 지역으로, 수확은 11월부터 이듬해 1~2월까지 하는데 빠른 시간 내에 기름을 짠다. 이 올리브오일을 다양하게 음식에 사용하는데 조리에 사용하는 것은 물론 버터 대신 빵이나 토스트에 발라먹기도 하고 수프를 만들거나 육류·해물을 절일 때 사용하는 등 다양하게 이용하고 있다.

(3) 특색 있는 와인 생산

포도는 올리브, 밀과 함께 스페인의 대표적인 농산물이다. 지중해성 기후와 토양을 가진 스페인은 포도 재배에 최상의 조건을 갖추고 있어 프랑스, 포르투갈, 이탈리아와 더불어 대표적인 와인 생산국 중 하나이다. 프랑스나 독일에 비해 색이 진하고 단맛이 강한 특징을 가지고 있다.

와인은 색깔에 따라 분류하거나 일반 와인과 고급 와인으로 분류한다. 색깔에 따라 레드와인인 틴토(Tinto: 알코올 도수가 11.5~13.5도 정도로 맛이 좋으며 숙성연도는 최소한 2년 정도), 화이트와인인 블랑코(Blanco: 알코올 도수는 10~12도로 황금색을 띤 노란색), 잡색와인인 로사(Rosa: 알코올 도수 11~13.5도로 맑고 투명하며 약간 신맛을 냄)로 나뉘며 담홍색 와인은 클라레트(Clarete)가 있다. 또 상그리아(Sangria)라는 술이 있는데, 이 술은 축제나 각종 행사 때 마시는 술로 레드와인과 탄산수, 설탕, 얼음, 오렌지와 레몬조각을 넣어 만든다.

3. 대표 음식

(1) 파에야(Paella)

바닥이 넓고 운두가 얕은 냄비에 올리브 오일을 두르고 양파와 마늘을 볶아 향을 낸 후 채소와 돼지고기, 닭고기 등을 볶다가 불린 쌀을 넣는다. 여기에 토마토, 해산물, 어패류를 넣고 익히다가 노란색을 내는 사프란을 넣고 만든, 독특한 색과 맛이 있는 밥이다.

【그림 9-2】 파에야

(2) 햄과 소시지

스페인에서 햄은 간식이나 술안주, 식사에 이르기까지 다양하게 이용되고 있다. 스페인 특유의 햄인 '하몬 세라노' 는 돼지 넓적다리를 통째로 소금에 절여 건조시키거나 훈연시킨 후 숙성시켜서 소량의 푸른곰팡이가 난 것으로, 씹으면 종이 같은 질감이 나며 오랫동안 씹을수록 부드럽고 독특한 맛이 난다.

이외에 '하몬 이베리코' 라는 햄이 있는데 도토리만 먹여 키운 돼지 뒷다리로 만든 것으로 값이 비싸고 조직이 훨씬 부드러워 입에 넣으면 살살 녹는 치즈와 같은 촉감을 가지고 있다.

【그림 9-3】 하몬세라노

(3) 가스파초(Gaspacho)

안달루시아 지역의 대표 요리로 토마토 퓌레와 피망, 양파, 오이 등을 갈아 넣고 만든 차가운 토마토 수프인데, 더울 때 갈증을 없애주고 입맛을 돋우어주어 스페인 사람들이 여름에 즐겨 먹는다. 전채요리나 간식으로 적당한 요리이다.

CHAPTER 10

이탈리아

1. 자연환경

이탈리아는 북쪽의 알프스 산맥을 경계로 프랑스, 스위스, 오스트리아, 유고슬라비아와 국경을 접하고 있다. 프랑스 남부, 스페인, 포르투갈, 모로코 등과 더불어 지중해 문화권에 속한다.

이탈리아는 북위 36~47°에 걸쳐 있으나 비교적 기온차가 적고 일 년 내내 온난한 지중해성 기후로 농사에 적합하다. 7, 8월에는 햇빛이 매우 강렬하고 더우며 비도 거의 오지 않는다. 주민은 대부분 라틴계의 이탈리아인이며 국민성은 낙천적이고 외향적이다.

밀, 옥수수, 쌀, 감자, 포도, 올리브 등이 생산되고, 과일과 올리브는 주로 남부 지역에서 생산된다.

【그림 10-1】 이탈리아의 콜로세움

【그림 10-2】 이탈리아의 트레비 분수

2. 음식 문화의 특징

로마제국 시대 음식으로 유명한 이탈리아는 추운 산악지대를 제외하고는 일 년 내내 지중해성 기후로 토양이 비옥하여 과일, 야채와 각종 농산물이 풍부하게 생산되고 어류가 풍부하다.

또한 이탈리아는 지역에 따라 특색을 갖고 있는데 북쪽 지역에서는 버터를 많이 써서 조리를 하고 밀가루와 쌀의 산지로 면류(파스타)가 발달하여 스파게티와 마카로니가 세계적으로 유명하다. 반면에 남쪽 지역에서는 올리브오일을 많이 써서 조리하고 향신료로 마늘을 많이 쓰며 토마토가 풍부하여 요리에 많이 이용된다.

전통적인 이탈리아 아침 식사는 가볍게 하는게 보통인데, 우유와 커피를 섞은 카페라테와 차 또는 초콜릿 드링크를 잼을 바른 빵과 함께 먹는다.

점심식사는 하루 중 가장 중심이 되는 식사로 소시지, 야채피클과 올리브로 구성된 전채를 먹고 다음에 수프 또는 파스타, 리소토(risotto)를 먹는다. 주요리(main course)에는 생선, 고기 또는 닭과 푸른 채소를 곁들여 먹는다.

후식은 과일과 치즈를 먹는데 특별한 경우에는 페이스트리와 아이스크림을 먹기도 한다.

보통 와인은 점심과 저녁에 마시며 최근에는 전 유럽에 걸쳐 와인과 푸딩을 많이 먹는다.

(1) 일반적인 특징

1) 파스타 요리의 발달

밀가루에 물이나 달걀을 넣어 반죽하여 자르거나 모양을 만든 것을 총칭하여 파스타(pasta)라고 한다.

이탈리아에 파스타가 소개된 것은 11세기를 지나면서 베네치아, 피렌체, 제노바의 무역활동에서 파스타가 중요한 상품으로 거래되면서부터이며 점차 다른 지역으로 퍼져나갔다. 초기의 파스타는 손으로 반죽하여 즉석에서 만들었으나, 이탈리아에서 아랍으로 밀가루를 보내는 과정에서 밀가루가 변질되면서 건조 파스타가 나오게 되었다.

파스타의 재료로 사용하는 듀럼(durum)밀은 글루텐 함량이 높아 강한 탄력을 갖고 있어 끓여도 쉽게 익지 않는 성질을 가지고 있는데, 소스에 끓여도 빨리 붇지 않고 쫄깃한 맛을 유지하는 것이 특징이다.

파스타는 크게 생파스타와 건조 파스타로 구분된다. 파스타 반죽에 비트즙(빨강), 시금치즙(녹색), 당근즙(주황), 달걀노른자(노랑) 등을 섞어 다양한 색을 연출한다. 여기에 첨가하는 소스는 파스타 종류만큼 다양한데 북부에서는 버터와 마늘, 남부에서는 올리브와 토마토를 사용하는 경향이 있다. 소스를 만들 때 들어가는 기본 재료는 올리브오일과 버터, 오레가노(강한 향기와 쌉쌀한 맛이 특징), 너트메그, 토마토 통조림, 월계수 잎 등이다.

【그림 10-3】 슈퍼마켓에 진열된 건조 파스타

스파게티는 여러 종류의 파스타 중의 하나로 미트소스를 친 볼로냐식, 토마토소스를 친 나폴리식, 달걀노른자와 베이컨, 파르메산 치즈를 사용한 카르보나라, 모시조개를 사용한 봉골레 등 매우 종류가 많다. 스파게티의 가장 간단한 방법은 삶은 스파게티에 토마토퓌레나 소스를 얹고 그 위에 치즈를 얹어 먹는 것이다. 스파게티는 모양도 매우 다양하여 길고 얇은 막대 모양, 고기나 치즈를 속에 넣어 만두처럼 싼 모양, 조개껍데기 모양, 활 모양, 나비 모양 등 종류가 매우 많다.

【그림 10-4】 소시지를 곁들인 스파게티

피자는 나폴리 지역에서 길게 자르지 않고 둥근 형태로 굽기 시작한 것이 유래이다. 제2차 세계대전 당시에 이탈리아 시칠리안 피자를 먹어본 미군들이 종전 후 미국에 돌아가서도 이민 온 이탈리아인에게 피자를 만들어 주기를 부탁하면서 피자가 급속히 미국과 전 세계로 퍼져 나가 오늘날 세계적인 요리로 자리매김하게 되었다.

이탈리아 피자의 특징

- 벌통 모양의 벽돌 화덕에 약 15분간 구워 만들며 이 벌통 모양의 대리석 화덕에서 독특한 맛이 나온다. 여기에 구운 도우는 바삭바삭하고 빵 위에 얹는 재료도 간단하다.
- 화덕의 적정 온도는 약 300℃ 정도로, 장작을 연료로 사용하여 넓적한 판에 구워 낸다.
- 박하과 식물인 향긋하고 쌉쌀한 초록색 바질이 피자 맛을 돋운다.

2) 육류 요리 및 다양한 가공 육류와 소시지의 발달

이탈리아에서는 신선한 고기는 석쇠나 숯불에 굽거나 오븐에서 구워 내고 여러 가지 소스로 맛을 낸다.

이 외에 얼린 양고기에 마늘과 로즈마리를 넣어 오븐이나 숯불에 구워 먹기도 하는데 이것은 봄철 특선 요리이다. 또한 가공한 고기와 소시지도 유명하다.

【그림 10-5】 여러 종류의 소시지

3) 치즈

치즈는 오랫동안 이탈리아 음식에서 중요한 위치를 차지하고 있는데 오늘날에도 세계적으로 알려진 100여 종류의 치즈가 생산되고 있다. 모짜렐라(mozzarella) 치즈는 들소의 젖으로 만든 특유의 연질 치즈로 남부 지역이 원산지이며, 손을 이용해 잘라낸 것에서 이름이 유래되었다고 한다. 모짜렐라 치즈는 수분 유지를 위해 물통 속에 담가 두는데 매우 부드럽고 탄력이 있으나 차츰 질겨진다.

파르메산(Parmesan) 치즈는 경질 치즈로 대형의 원주형이다. 지방 함량은 32%이며 숙성 기간은 2~3년 이상인데, 풍미가 강하고 숙성시키지 않은 것은 그대로 먹고, 충분히 숙성시킨 것은 굳기 때문에 삼각 치즈 나이프로 잘라서 먹는다. 파르메산치즈는 파스타류와 샐러드, 수프 등에 뿌려 먹거나 디저트로 먹기도 하는데 저장은 10년 이상 가능하다.

【그림 10-6】 이탈리아 수퍼마켓에 진열된 다양한 치즈

4) 다양한 생선 요리

삼면이 바다여서 다양한 생선이 많이 사용되는데, 이것에 튀김이나 토마토소스를 곁들여 이용한다. 특히 조개류 중 작은 대합조개는 어느 지역에서나 수프와 소스에 사용된다.

5) 이탈리아 와인

포도 생산이 많아 북쪽에서 남쪽까지 지역 특유의 와인이 발달되어 있다. 베로나 지역의 '소아베' 라는 알코올 11도 정도의 화이트와인, 토스카나 지역의 '칸도' 라는 레드와인(이탈리아를 대표하는 와인), 시칠리아 지역의 '코르보' 라는 화이트와인 등이 있다.

(2) 지역별 특징

이탈리아는 1870년 통일되기 전까지 오랫동안 여러 나라로 분할되어 있었기 때문에 각 지역마다 그 지역의 특산물을 중심으로 한 특유의 음식이 만들어졌다.

1) 베네치아

동쪽 해안에 위치한 아름다운 운하를 갖춘 도시로, 물의 도시로 유명한 세계적인 관광도시이다. 이러한 지리적 조건으로 생선 요리가 유명한데 이 중 스캄피(scampi)는 기름과 마늘, 파슬리, 레몬즙으로 양념한 대하 요리로 이 지역의 대표적인 요리이다. 또한 대합 요리도 특별 요리에 속한다. 그 외 게, 새우, 문어, 오징어 등 해산물을 이용한 요리가 많다.

【그림 10-7】 베네치아 전경

2) 피렌체

토스카나 지역의 수도로 역사가 오래된 곳이며, 음식이 담백하고 올리브오일을 사용하여 산뜻하고 부드러운 맛을 지닌 것이 특징이다.

포도 재배도 왕성하여 키안티 와인은 세계적으로 유명하다. 키안티 와인은 레드와인과 화이트와인을 혼합하여 만드는 와인으로, 좋은 키안티 와인은 오크 통에 오래 저장했다가 병에 담는다.

3) 밀라노

롬바르디아 지역을 중심으로 하여 여기서 생산되는 쌀로 만든 리소토(risotto: 육류에 쌀을 넣고 나무 주걱으로 저으면서 끓인 후 사프란 향료를 넣은 음식)와 옥수수 폴렌타(polenta: 끓는 물에 옥수수 가루를 살살 뿌려 넣어 50분 정도 저으면서 끓인 음식)가 유명하다.

이탈리아 사람들은 파스타와 리소토는 모두 약간 씹히는 감촉이 남아있어야 제대로 된 것이라고 생각한다. 밀라노 리소토는 완두콩과 사프란을 넣어 맛을 낸다.

전통적으로 사용되는 주재료는 소고기, 쌀, 치즈, 버터, 생크림, 돼지고기, 칠면조, 우유 등이며 와인을 마시면서 파스타를 먹는 것이 이 지역 특유의 풍습이다.

4) 나폴리

남부 이탈리아 요리의 수도로 여겨지는 곳으로 해변이 아름다워 세계적인 미항 도시이기도 하다. 이탈리아의 피자와 파스타의 발생지이기도 하며 와인이 유명하고 토마토를 즐겨 먹는다. 생선 요리와 새우 요리, 모짜렐라 치즈가 특히 유명하다. 파스타는 올리브오일과 마늘 또는 콩을 혼합하여 비교적 간단하게 만든다.

(3) 이탈리아 음식의 재료

1) 토마토

이탈리아에서 생산되는 토마토는 과육이 알차고 씨가 적으며 풍미가 강해, 토마토를 으깨서 걸러 농축시킨 토마토퓌레 등 토마토 가공에 쓰인다.

또한 작고 길쭉한 토마토를 부드럽게 삶아 그 국물과 함께 캔에 넣은 토마토는 적당히 시고 약간 단맛이 있으며, 토마토소스를 비롯한 졸이는 요리나 수프에 꼭 필요한 재료이기도 하다.

또한 토마토를 말려 사용하기도 하는데 건조 과정에서 감칠맛은 강해지고 약간 떫은맛이 생긴다. 이것을 잘게 다져서 파스타와 함께 버무리거나 수프와 오믈렛에 넣어 사용한다.

2) 발사믹 식초

최고급 포도식초로서 선명한 암갈색을 띠고 그 주원료는 트레비아노종 포도이다. 식초는 12년 정도 장기간 숙성시켜 감미롭지만 다소 강렬하고 농축된 맛을 낸다.

3) 올리브오일

이탈리아는 올리브오일의 최대생산지이며 특히 토스카지역이 유명하다. 올리브 열매를 압착하여 기름을 짜내는데 산도에 따라 등급이 다르다. 산도가 1% 미만인 엑스트라버진이 가장 먼저 짜낸 것으로 순도가 높은 최고급 올리브오일이며 소스나 드레싱에 많이 이용된다.

【그림 10-8】 올리브오일

4) 마늘

이탈리아 요리의 대표적인 향신료 중 하나로 으깨서 사용하며, 주로 올리브오일에 볶아서 마늘 향기가 오일에 풍기면 이 마늘 오일을 요리에 이용한다.

CHAPTER 11

독일

1. 자연환경

독일은 서유럽과 동유럽의 중심부에 위치하며 지형적 특색은 북부의 평원과 저지대, 중부의 고지대, 그리고 알프스 산맥의 세 부분으로 나뉜다.

온대 기후이며 라인강이 스위스 국경에서 독일 국경으로 흐르고 있다. 봄은 서늘하고 비가 오며 여름은 덥고 건조하다. 가을은 맑고 따뜻하나 겨울은 춥고 습하다. 연평균 기온은 9℃ 정도로 남쪽으로 갈수록 고도가 증가하며 남북 간의 기후차가 적은 특징을 지니고 있다.

【그림 11-1】 독일의 크리스마스 장식품 전문 가게

2. 음식 문화의 특징

역사적으로 독일은 프랑스, 오스트리아, 네덜란드, 영국과 같은 강대국의 침입을 받으면서 문화적으로도 많은 영향을 받았다. 이러한 영향은 음식 문화에서도 나타나, 16세기경부터 이탈리아의 식문화를 모방하기 시작하여 18세기에는 전형적인 독일 음식 문화를 형성하였다.

절대주의 시대 이전까지는 짐승을 통째로 식탁에 올려놓고 먹었으며, 특별한 손님을 초대하여 대접할 때는 미리 잘게 썰어 제공하였다. 빵과 밀가루 음식이 중요한 음식이었으나 가난한 사람은 브라이(감자나 과일을 으깨어 만든 음식)와 수프를 먹었다. 식사 도구로는 칼이 제일 중요하게 사용되었다.

그 후 절대주의 시대에 와서 포크를 사용하기 시작하였는데, 포크의 사용이 귀족과 평민을 구별해주는 결정적인 요소가 되었다. 이러한 과정을 통해 독일 귀족들의 궁정식(Hof) 식사 예절이 정립되어 갔으며 포크와 식탁보 사용이 상류층의 필수적인 예절이 되었고, 냅킨도 새롭게 사용되었다.

그 후 산업혁명기를 거치면서 커피와 차를 음료수로 선호하게 되고 점심 식사 시간이 길어지고 중요시되었다. 특히 독일의 호프 귀족들은 저녁 늦게까지 먹고 마시고 이튿날 아침에는 식욕을 잃게 되었는데 이는 아침에 커피를 마시는 습관이 요인이 되었다고 한다. 독일인들은 지금도 점심시간에는 따뜻한 식사를 하는 전통이 이어져 오고 있으며 남부 독일의 농경 지역은 신 맛을 내는 음식이 꾸준히 이어지고 있다.

또한 수질이 좋지 않아 수도원을 중심으로 맥주를 개발하여 지역마다 다양한 맥주가 존재하는데 독일인들은 맥주를 매우 좋아하고 즐겨 마시나 만취하지 않는 원칙을 잘 지키고 있다.

또 독일인들은 주로 가정에서 음식을 준비하고 쇠고기나 돼지고기 등의 고기 요리도 주로 가정집에서 가공해 먹는다.

일반적인 독일의 식사로는 아침에 버터와 잼을 곁들인 빵과 반숙란, 치즈, 햄 등을 먹는다. 점심은 하루 중에 가장 중심이 되는 식사로 수프, 생선 요리, 한두 가지 고기 요리, 야채를 먹고 후식은 휘핑크림을 제공한다. 간단히 먹는 경우에는 스튜 한 가지 또는 곡류요리 한 가지만으로 점심을 해결하기도 한다.

오후에 커피타임이 있는데 커피에 케이크 또는 쿠키류를 곁들인다.

저녁 식사는 가볍게 하는 경향이 있어 각종 잡곡을 넣은 빵에 소시지, 햄, 치즈, 샐러드와 피클, 생선이나 훈제생선 등을 곁들여 먹는다.

3. 대표 음식

(1) 맥주

독일인들은 물 대신 맥주를 마신다는 말이 있을 정도로 맥주는 술이 아닌 기호품이나 식품으로 간주한다. 특히 남독일인의 맥주 기호도는 유명해서 부녀자나 어린이까지 맥주를 마신다고 할 정도이며 북부 지역은 함부르크와 도르트문트 지역이 유명하다. 그러나 이들은 결코 만취하지 않으며 예의범절을 잘 지킨다.

맥주의 종류가 꽤 많으며 필스(Pils)가 대표적인데, 검은색의 둥클레스(Dunkles)도 애용된다. 뮌헨의 옥토버페스트(Octoberfest) 축제는 유명한 맥주 축제로, 9월 셋째 주 토요일 낮 12시부터 10월 첫째 주 일요일까지 15일간 밤새도록 맥주를 마시며 유쾌한 시간을 보낸다. 이 축제는 1810년 10월 바이에른 초대 왕인 빌헬름 1세의 결혼식 때 5일간 음악제를 곁들인 축제를 연 데서 비롯한 것으로 그 역사가 매우 오래됐다.

【그림 11-2】 **뮌헨 옥토버페스트 축제**

(2) 소시지와 햄

독일의 소시지와 햄은 그 종류도 다양하고 맛과 질도 세계 최고라 할 수 있다. 독일에서 햄과 소시지가 발달한 것은 독일의 자연환경 때문이다. 비가 적어 곡식 농사가 잘 안 되기 때문에 사육 기간이 짧은 돼지 사육이 늘게 되었고, 이 돼지를 잡아 소금에 절여 두고 겨울 내내 먹음으로써 오늘날 다양한 소시지와 햄이 독일을 대표하는 음식이 되었다.

각 가정마다 각각의 맛과 종류를 가진 소시지와 햄을 최근까지 만들어 먹었으며 그 종류도 200~300종이나 된다.

독일인의 아침 식사는 커피와 롤빵을 가볍게 먹고 10시경에 흑빵과 소시지로 두 번째 아침 식사를 한다. 점심시간에는 감자를 곁들인 고기요리를 먹고 저녁에는 아우프슈니트(햄과 소시지를 함께 담아 낸 요리, 독일 식사의 전형임)와 빵을 먹는다.

(3) 감자 요리

독일인이 많이 먹어 주식과 같은 음식이 된 감자는 수프, 으깬 감자, 디저트 등으로 다양하게 이용한다.

가루로 만들어 국수를 만들기도 하고 매시드 포테이토로 만들거나 크게 썰어 튀긴다. 혹은 삶은 후 버터를 많이 발라 굽거나 크네델이라는 야구공만한 덩어리를 만들어 고기 요리와 곁들여 먹기도 한다.

【그림 11-3】 독일식 감자튀김을 주로 한 식사

(4) 아인토프

독일의 서민들이 즐기는 음식으로 큰 냄비에 감자, 콩, 야채, 고기 등을 넣어서 끓인 수프로 간편하면서도 영양이 풍부하다.

(5) 슈톨렌

크리스마스 때 눈을 맞으며 먹으면 소원이 이루어진다는 전설이 있는 빵으로 레몬, 오렌지 껍질, 럼주, 꿀, 건포도 등을 넣어 발효시켜 만든 빵이다.

(6) 사우어크라우트

양배추를 잘게 썰어 소금에 절이고 3~6주 정도 발효시킨 일종의 독일식 김치라고 할 수 있다. 발효 과정에서 유산균이 생겨 신맛과 독특한 맛이 나며 아삭한 질감을 갖고 있다. 스튜 또는 샌드위치에 넣거나 소시지, 햄 등과 함께 먹기도 한다.

CHAPTER 12

프랑스

1. 자연환경

프랑스는 영국, 독일, 스위스, 이탈리아, 스페인, 벨기에, 룩셈부르크와 접하고 있으며 해양성, 대륙성, 지중해성 기후가 다양하게 나타난다.

기후는 지중해와 대서양을 접하고 있어 온화한 편이고 연평균 강수량은 600~2,000mm로 피레네 서부에 비가 많이 온다. 피레네 산맥을 제외하고는 비교적 완만한 지형이며, 국토의 2/3가 평야와 구릉지대이다. 기후가 온화하므로 농산물, 축산물, 수산물이 풍부하여 밀 생산량은 세계 5위 수준이며, 그 외 보리, 귀리, 옥수수, 쌀, 담배 등이 많이 생산된다. 특히 포도는 북부를 제외한 전 지역에서 생산되며 질적 · 양적으로 세계 제일을 자랑한다.

또 격조 높은 테이블 문화의 전통을 가지고 있어 금은 세공, 도자기, 섬유 예술을 크게 발전시키기도 하였으며, 격식을 갖춘 식사 예절도 프랑스 요리를 고급 요리로 만드는 데 한몫을 하였다.

【그림 12-1】 프랑스의 포도밭

2. 역사적 배경

현재의 프랑스는 옛날 골(Gaul)인이 살던 곳으로 골인의 음식은 맛이 거칠었는데, 후에 골로 이동해온 프랑스족은 골인의 음식법을 그대로 이어받았다.

고대 로마 제국의 지배를 받아 전쟁과 기근 속에서도 로마 요리의 영향을 받았고, 이것은 수도원의 수도승을 통하여 계속 그 지역 특유의 요리로 이어져 발전하게 되었다.

그 후 이탈리아의 카트린 드 메디치 공주가 앙리 2세에게 출가하면서 당시 미개의 나라인 프랑스에 요리 솜씨가 뛰어난 조리사를 데리고 가서 이탈리아의 고급 요리가 전파되었다. 당시 이탈리아 조리사에게 프랑스 궁중 조리사가 요리를 배웠으며 그 후 파리에 좋은 요리 학교가 생기게 되면서 서민에게도 알려지게 되었다.

프랑스 혁명 후 궁중의 요리 하인들이 시중에 나와 먹고 살기 위해 음식점을 차린 것이 오늘에 이르렀으며 19세기에는 프랑스 요리에 큰 변화를 가져오면서 요리가 더욱 발달하게 되었다. 그 후 카렘은 프랑스 요리의 진정한 창시자라 할 만큼 요리를 근대화시켰다.

3. 음식 문화의 특징

프랑스 사람들은 하루에 세 번 식사를 한다. 아침 식사는 아주 간단하게 먹는데 크루아상 또는 버터와 잼을 곁들인 프렌치 빵, 그리고 뜨거운 우유나 뜨거운 초콜릿을 넣은 진한 커피를 마신다. 프랑스식 아침 식사를 미국에서는 콘티넨털 브렉퍼스트(continental breakfast)라 한다.

【그림 12-2】 프랑스의 호텔 뷔페

【그림 12-3】 프랑스의 캔디 전문가게

점심은 전통적인 식사일 경우 가장 중심이 되는 식사로, 프랑스 대부분의 지역에서는 가게가 오후에 2시간 정도 문을 닫고 사람들이 집에서 밥을 먹는다. 주요리(main course)는 고기, 생선, 또는 달걀요리와 야채, 빵으로 구성된다. 후식은 집에서는 보통 치즈와 과일로 하고, 레스토랑에서는 아이스크림(또는 과일 셔벗), 케이크, 푸딩 그리고 페이스트리에 과일과 치즈를 첨가하여 제공한다. 와인은 식사 중에, 커피는 식사 후에 제공한다.

(1) 프랑스 요리에 중요한 와인

각 지역마다 유명한 와인이 있는데, 산지에 따라 빛깔, 맛, 향기 등이 다르고 종류도 많다. 화이트와인은 생선 요리에, 레드와인은 육류 요리에, 로제와인은 양쪽 요리 모두에 이용된다.

보르도 지역은 세계가 인정하는 프랑스 최고의 레드와인 산지로 유명하다. 이 지역의 와인은 붉은 빛이 진하고 단맛이 적고 텁텁한 맛이 나면서도 부드럽다.

부르고뉴는 보르도의 부드러운 맛에 비해 진한 맛이 나고 개성이 강한 레드와인 산지이다. 보르도의 와인이 여왕이라면 부르고뉴의 와인은 제왕에 비유할 수 있다.

보통 생선 요리에는 화이트와인, 육류 요리에는 레드와인, 디저트에는 단맛의 화이트와인이 나오는 일반적인 코스가 있으므로 각기 다른 와인을 마시게 되나 식사하는 사람 수가 적으면 한 가지 와인을 끝까지 마시는 것도 좋다.

【그림 12-4】 와인 매장의 진열대

【그림 12-5】 프랑스 보르도 지역

(2) 프랑스의 빵

식사 때마다 근처에 있는 빵집에 가서 금방 구운 빵을 사다가 먹는 것이 일반적이다.

레스토랑에 가면 아무리 싼 집이라도 빵을 무료로 얼마든지 먹을 수 있다.

프랑스 빵은 보통 바게트라 불리는 길고 가느다란 것이다. 껍질이 바삭바삭한 상태이며 연한 갈색으로 구수한 맛이 난다. 그 외 크루아상이라는 초승달 모양의 빵을 아침 식사로 즐겨 먹는다.

프랑스 빵집에서는 하루 세 번 빵을 구워 파는데 이는 바게트 빵이 금방 굳어져 맛이 떨어지기 때문이다.

【그림 12-6】 호텔 뷔페의 여러 종류의 빵

【그림 12-7】 프랑스 빵가게

(3) 프랑스 요리를 풍부하게 하는 향신료

파슬리의 줄기, 후추, 셀러리, 너트메그, 사프란 등을 주로 쓰며 이것을 두서너 가지씩 합하여 사용함으로써 미묘한 맛을 낸다.

또 다양한 소스가 발달하여 프랑스 요리의 맛을 창출해 내고 있다.

(4) 프랑스의 요리는 조화의 미

고급 음식에는 맛뿐만 아니라 그릇이나 식탁의 조화를 갖춘 테이블 문화가 큰 영향을 주며, 여기에 격식을 갖춘 식사 매너도 중요한 몫을 차지한다.

4. 식단 구성과 식사 예절

(1) 식단 구성

1) 고전적인 메뉴의 구성

차가운 전채요리 → 수프 → 뜨거운 전채요리 → 생선 → 주요리 → 뜨거운 앙트레 → 셔벗 → 토스트와 샐러드 → 야채 → 달콤한 요리 → 세이버리(savory) → 디저트

2) 현대의 메뉴 구성

① 오르되브르(Hors-d' oeuvre)

서양요리의 전채로 가볍게 먹는 음식이다. 먹기 좋고 주요리에 균형이 잡히도록 하며 신맛 또는 짠맛은 위액의 분비를 촉진시킨다.

② 수프(Soup)

주요리의 제1코스로, 맑게 나오는 수프는 콩소메, 진한 수프는 포타주라고 한다.

③ 생선 요리(Fish)

수프 다음에 나오는 요리로 바다 생선, 물고기, 갑각류, 패류 등을 사용한다.

④ 앙트레 요리(Entree)

생선 요리 다음에 나오는 것으로 디너 중간에 나오는 요리라는 의미에서 미들 코스라고도 한다.

⑤ 로스트 요리(Roast)

고기를 로스트할 때 나오는 육즙 그레이비를 소스로 하여 내놓으며 보통 샐러드를 따로 접시에 제공한다.

⑥ 야채 요리(Vegetable)

양상추, 양배추, 오이, 토마토 등의 샐러드를 생것으로 내고 감자는 삶아 익혀서 내며 마요네즈 계통의 드레싱을 낸다.

⑦ 디저트(Dessert)

스위트와 치즈, 찬 후식, 더운 후식 등이 있다. 과일은 껍질을 벗기는 경우에는 과일칼을 내고 멜론 등은 식사용 스푼을 낸다.

통조림 과일은 생과일이 없을 때만 낸다.

⑧ 음료(Beverage)

식후 마지막 코스에 내놓는데 보통 커피를 내지만 홍차, 코코아 등을 내기도 한다.

(2) 식사 예절

1) 예약을 미리 한다.

적어도 이틀 전에는 음식점에 예약을 해두는 것이 좋다. 그래야 주방장이 재료 준비를 비롯하여 음식을 준비하는 시간을 충분히 가질 수 있다.

2) 풀코스 세팅의 원칙을 알아둔다.

일단 세팅된 식탁은 마음대로 움직이지 않는 것이 좋으며 포크와 나이프는 바깥부터 안쪽으로 순서대로 사용한다. 또한, 핑거볼에 두 손을 담그지 않도록 주의한다.

요리는 순서대로 먹는데 순서에 따라 음식이 나오면 적당히 양을 조절하면서 음식을 먹는 것이 좋다. 뜨거운 음식이 나오면 빨리 먹고 차가운 음식이 나오면 천천히 먹어야 제맛을 그대로 느낄 수 있다. 생선요리를 먹을 때는 한 쪽을 다 먹으면 뼈를 제거하고 다른 한 쪽을 먹으며 생선을 뒤집어서는 안 된다. 빵은 나이프로 자르지 않고 손으로 뜯어 먹는 것이 좋다.

3) 소리를 내지 않도록 조심한다.

포크와 나이프를 부딪치거나 후루룩 소리를 내는 것은 에티켓에 어긋난다. 또 큰소리를 내거나 크게 웃고 떠드는 것은 금물이며 대화도 조용한 가운데 하도록 한다.

4) 일류 레스토랑에서는 정장을 입는다.

고급 레스토랑에서는 분위기까지 즐기므로 옷차림에 신경을 쓰는 것이 좋다. 또한, 모든 순서는 여성 중심으로 행동해야 하고, 남자는 옷 걸어주기, 의자 빼주기 등을 담당한다.

5. 테이블 세팅의 순서

① 언더 클로스(under cloth)를 깐다.
② 테이블 클로스(table cloth)를 깐다.
③ 센터피스(centerpiece)를 테이블의 중심에 놓는다.
④ 접시(place plate)를 놓는다.
⑤ 식기(cutlery)를 놓는다. ⑥ 유리잔(glass)을 놓는다.
⑦ 냅킨을 접어서 포크의 왼쪽 또는 접시의 중앙에 둔다.

6. 대표 음식

(1) 달팽이 요리(Escargot)

부르고뉴 특산의 달팽이를 데친 것에 마늘과 파슬리, 버터를 듬뿍 넣어 구운 음식으로 찬 화이트와인과 함께 먹으면 별미다. 달팽이는 4~10월이 제철이다.

【그림 12-8】 달팽이 요리

(2) 송로버섯(Truffe)

캐비어, 푸아그라와 함께 세계 3대 별미로 꼽히는 값비싼 식재료이다.

프랑스 페리고르 지역과 이탈리아 피에몬테, 토스카 등이 원산지로, 10월부터 수확하기 시작해서 이듬해 3월까지 채취하는데 흰색(엷은 갈색)과 검은색이 있다. 흰색이 향기가 더 좋고 값도 비싸다.

소나무와 떡갈나무 뿌리 근처 땅 밑에서 자라는 버섯으로 잘 훈련된 돼지나 개를 이용하여 이른 새벽 숲에서 찾아낸다.

특유의 향기가 있어 이 특유의 향을 살리기 위해 요리는 되도록 단순하게 하는데, 스크램블 에그나 이탈리아식 쌀 요리인 리소토에 얇게 저며서 뿌려 먹는다.

【그림 12-9】 송로버섯

(3) 부야베스(Bouillabaisse)

지중해 연안 지역의 생선수프로 아구, 장어, 오징어, 도미와 감자, 양파, 토마토, 마늘, 셀러리와 각종 향신료를 넣어 끓인 것이다. 이 수프는 서민적이면서도 맛은 별미로 태국의 똠얌꿍, 중국의 상어지느러미 수프와 함께 세계 3대 진미 수프로 알려져 있다.

(4) 푸아그라(거위 간, Foie gras)

기름진 간이란 뜻이다. 거위나 오리를 좁은 우리에 가두고 사료를 강제로 먹여 살을 찌워서 원래 크기의 최대 10배 정도로 커지도록 키운 간으로, 부드럽고 입에 녹는 듯한 맛이 일품이다. 그대로 구워 먹거나 다른 재료와 섞어 사용한다.

캐비어, 송로버섯과 함께 세계 3대 진미 요리로 알려져 있다.

주로 전채요리로 쓰이며 가격이 비싸서 크리스마스 이브에 먹는 특별식이다.

【그림 12-10】 푸아그라

(5) 코코뱅(수탉요리, Coq au vin)

수탉을 토막 내어 버터에 살짝 볶은 후 꼬냑을 넣어 재고, 양파, 마늘, 양송이버섯, 셀러리, 월계수 잎을 넣어 끓인 다음 레드와인 소스에 다시 끓인 음식이다.

【그림 12-11】 코코뱅

CHAPTER 13 미국

1. 자연환경

미국의 식생활 문화는 미국과 캐나다를 중심으로 한 식생활을 말한다. 미국은 다민족이 혼합되어 각각 자기 조국의 식문화를 유지하려 하면서도 그 곳에 바탕을 두었던 원주민의 식문화의 영향을, 그 후에는 스페인과 프랑스의 영향을 받았으며 다시 강자로 부상한 앵글로색슨계의 영국 식문화가 기초를 이룬다.

동부 지역은 대서양 연안의 습윤한 온대 계절풍 기후가 나타나지만 내륙으로 갈수록 대륙성 기후의 성격이 잘 나타난다. 여름은 상당히 더우나 겨울에는 영하로 내려가는 일이 많다. 미국의 동부는 정치, 경제, 사회, 문화 전반에 걸쳐서 중심이 되고 있으며 뉴욕, 보스턴, 워싱턴 등 주요 도시가 위치한 인구 밀집 지역으로 미국 인구의 약 19%가 모여 있다. 블루베리, 포도, 금귤, 오얏, 딸기, 옥수수, 호박(pumpkin), 칠면조, 감자, 순무, 오크라 등이 이 지역에서 많이 나는 전통 식품이다.

【그림 13-1】 과일 가게에 진열된 각종 과일(캘리포니아 지역)

또한 이민 초창기의 청교도들은 옥수수를 약한 불에 오래 끓여 만든 요리를 즐겨 먹었는데 이는 오늘날의 뉴잉글랜드 베이크드빈을 탄생시키게 되었다.

특히 미북부와 캐나다 지역에서 자라는 50년 이상 된 단풍나무 수액을 봄에 채취하여 졸여 만든 단풍당밀(maple syrup)은 미국 특산물 중의 하나이다.

그 외 파인애플은 세계 생산량의 40%를 생산한다. 한편 남부 지역은 습기가 많은 아열대 지역으로 대농장이 발전하였으며 각종 과일, 견과류, 해조류와 해안가에서는 굴, 조개, 가재 등이 풍부하다.

【그림 13-2】 진열장의 아이스크림과 음료 (캘리포니아 지역)

2. 음식 문화의 특징

이민 초기에는 원주민의 식문화와 그 후에 그들을 지배하였던 스페인과 프랑스의 영향을 받았고 나중에 강자로 부상한 앵글로색슨계의 영국 식문화가 기초를 이루었으며, 여기에 세계 각국에서 온 이민국의 식문화가 섞여 현대 음식은 곧 미국 음식이라고 할 만한 위치가 되었다.

1890년경 태동하기 시작한 미국 요리는 주스와 샐러드 요리가 발달하게 되었으며 제1차 세계대전을 계기로 통조림 및 기타 보존 식품의 소비가 급속히 늘어났다.

그 후 맛보다는 대규모 생산, 편의성 등으로 대표되는 요리가 되었으며 특히 햄버거와 핫도그는 독일 요리인 햄버거 스테이크를 토마토소스를 뿌려 먹는 간편한 음식으로 변화시켜서 미국화한 것으로, 켄터키 치킨과 함께 선 세계적인 음식이 되었다.

롤빵에 소시지를 끼운 손쉬운 스타일은 가장 미국적인 것이며, 치즈를 버거 위에 뿌려 녹이거나 버터밀크를 비스킷에 씌운다. 또 크림 그레이비와 함께 옥수수 밀 크러스트 치킨을 즐겨 먹는다.

최근에는 설탕 소비가 줄어들고 콩 제품의 소비는 증가하고 있는 추세이다.

현대의 미국 일상식은 더욱 간편화되고 있으며 아침 식사는 우유에 탄 시리얼류, 감자튀김, 달걀 프라이, 다진 고기, 우유, 오트밀, 빵, 커피 등을 간단히 준비한다.

점심은 볼로냐(Bologna) 샌드위치, 핫도그, 감자 칩과 탄산음료 또는 감자튀김만으로 식사를 하는 것이 일반적이다.

저녁은 비프스테이크와 감자튀김을 주로 먹고 해물 요리도 자주 먹는다.

그 외 자주 스낵류를 먹기도 하는데 미국의 전형적인 요리는 티본스테이크, 칠면조 구이, 호박 파이(pumpkin pie), 아이스크림, 햄버거, 피자, 스파게티 등 단순, 소박한 것으로 이루어져 있다.

최근에는 간편성과 편리성으로 인해 패스트푸드 음식점이 더욱 늘어나고 있는 상황이다.

서양식 정식 상차림에 해당하는 디너 세트는 일상적인 상차림보다 여러 가지 종류의 식기를 갖추어야 한다. 나이프와 포크는 식사 순서에 따라 바깥쪽부터 안쪽으로 사용하도록 배치하고 나이프 날은 안쪽으로 향하게 한다. 후식용 스푼이나 포크는 처음부터 큰 접시 위쪽에 놓고 빵 접시는 45° 왼쪽에 버터나이프를 곁들여서 놓는다. 글라스류는 45° 오른쪽에 놓으며 물 잔과 와인 잔을 놓는다. 물 잔은 정식의 경우 고블렛 잔을 놓는데 크리스털이면 더욱 좋다. 와인은 고기 요리에는 레드와인, 생선 요리에는 화이트와인을 놓는다.

◈ 양식의 상차림 ◈

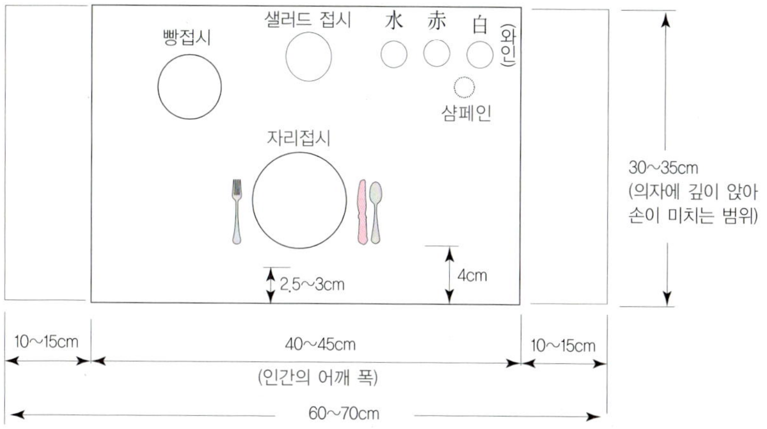

테이블 세팅의 기본위치

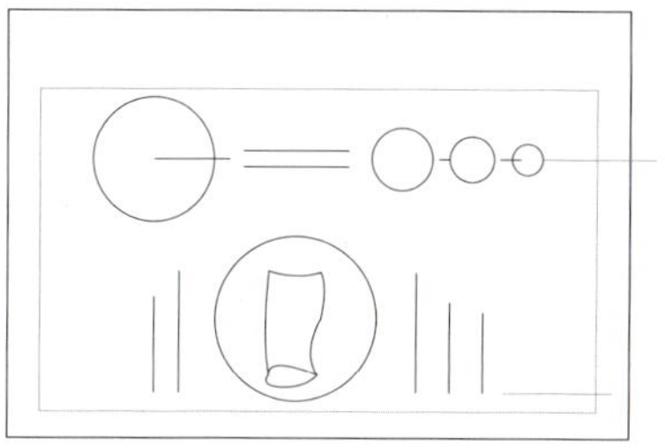

Classic(English style) - 영국

테이블매트는 본래 정식에는 사용하지 않지만 테이블 매트를 사용하고 싶을 경우에 위와 같이 얇은 코르크매트 등과 함께 사용할 수 있다. 유리잔은 직선으로 놓는다. 영국의 양식미와 격조 높은 이미지를 연출한다.

Elegance(French style) - 프랑스

정식의 파티에서는 와인의 수도 늘어나기 때문에 유리잔류는 삼각형으로 놓는다. 유리잔은 도중에 놓거나 뺄 수도 있다. 커틀러리류는 엎어 놓는다. 프랑스의 양식미를 이미지화한 것으로 로맨틱하게 연출한다.

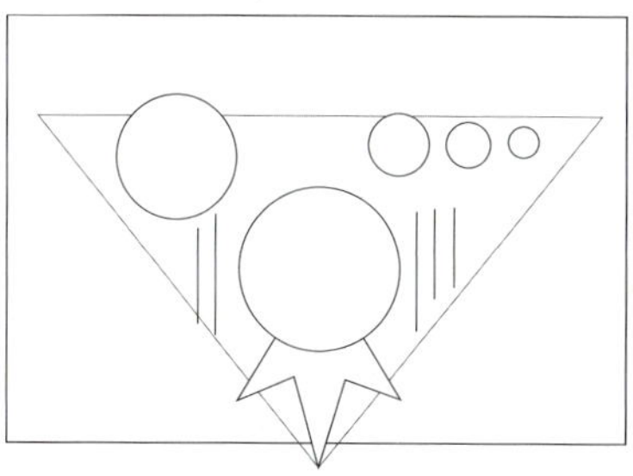

Casual(American style) - 미국

캐주얼한 테이블 세팅이라고 해도 대강 하거나 빼는 것은 아니고 별장의 파티에서의 테이블 이미지를 구상하여 연출한다.

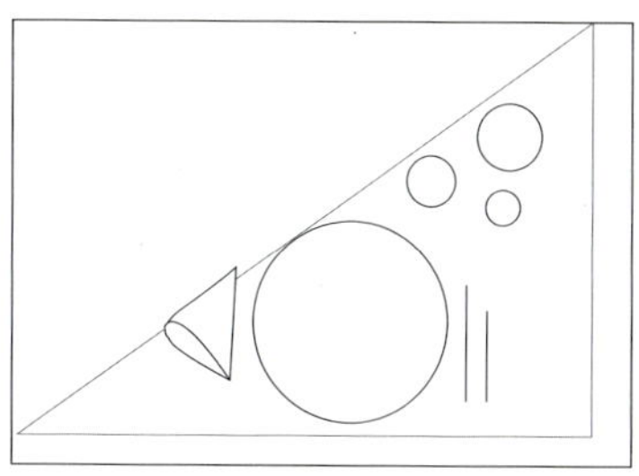

Modern style - 현대식

모던한 세팅에서는 리넨을 높게 세워놓거나 반대로 높은 유리잔을 사용하여 리넨을 편평하게 놓아서 식탁 위에 고저를 만들면 보다 모던함을 연출할 수 있다.

【표 13-1】 기본적인 테이블 세팅 스타일

style	특징	내용
Classic style setting	- 전통적인 영국 스타일 - 정통 디너 스타일	1) 식기: ① 자기, 본차이나 ② 좋은 품질의 커틀러리 ③ 은 · 금선식기 ④ 금색이 호화롭게 금박된 것 ⑤ 장식성이 강한 디자인 선호 ⑥ 오랜 역사를 지닌 명가품 2) 유리잔: 일직선 나열 3) 냅킨: 손으로 수놓은 것 또는 레이스 4) 매트, 식탁보 사용 안 함
Casual style setting	- 예법이 없는 스타일이라고 함 - 아침식사, 가벼운 점심 스타일 - 세팅 처음부터 컵, 잔이 함께 나와도 됨 - 한 개의 나이프, 포크만을 식사에 사용해도 됨	1) 식기: ① 스톤웨어 ② 두껍지 않은 자기나 도자기 ③ 플라스틱, 아크릴 등의 식기 2) 유리잔: ① 스템이 두껍고 장식성이 별로 없는 것 사용 ② 날씬한 것은 어울리지 않음 ③ 크리스털을 사용하지 않음 3) 냅킨 : ① 꽃무늬, 프린트, 스트라이프 무늬 ② 목면, 종이 등 다양한 소재 4) 커틀러리 : 스테인리스 5) 매트, 식탁보
Modern style setting	- 현대적 감각을 일컬음 - 가장 새롭게 느껴지는 감각의 스타일(칠기와 양식기 등 감각과 역사가 다른 문화권의 그릇 사용)	1) 식기: 스테인리스, 돌로 만든 것 2) 커틀러리: 은제품에서 스테인리스까지 샤프하고 심플한 것 3) 유리잔: 길고 날씬하며 장식이 생략된 것 4) 냅킨: ① 응용하여 모던함을 연출 ② 스트라이프, 물방울 무늬 ③ 가죽소재 ④ 검정, 회색, 흰색 등의 무채색 또는 색상대비가 강한 두 종류의 색채를 연출
Elegance style setting	- 캐주얼 스타일의 반대성향 - 정식의 좌석에 어울리는 우아하면서 품위 있는 식탁 - 프랑스 스타일	1) 식기: ① 흰색, 엷은 파스텔색조의 자기나 본차이나 ② 잔잔한 꽃무늬와 요란하지 않은 조각이 디자인된 것을 주로 사용 2) 커틀러리: 식탁 위에 엎어놓는 것이 특징 3) 유리잔: 삼각형 스타일로 식탁 위에 놓는다 4) 냅킨: 화려하지 않고 우아함이 깃든 흰색과 엷은 분홍색을 주로 사용

【그림 13-3】 엘레강스 스타일의 테이블 세팅

【그림 13-4】 클래식 스타일의 테이블 세팅

【그림 13-5】 칵테일 테이블 세팅

【그림 13-6】 캐주얼 스타일 테이블 세팅

【그림 13-7】 모던 스타일의 테이블 세팅

【그림 13-8】 모던 스타일의 테이블 세팅

【그림 13-9】 센터피스의 예

【그림 13-10】 호텔 뷔페의 각종 시리얼

【그림 13-11】 호텔 샐러드 바

3. 대표음식

(1) 햄버거

쇠고기를 갈아서 만든 패티(patty)와 채소, 치즈, 토마토케첩을 빵 사이에 넣어 만든 음식으로 미국인들이 가장 좋아하는 음식 중 하나이다.

【그림 13-12】 햄버거

(2) 핫도그

롤빵 사이에 부드러운 소시지를 넣고 다진 양파, 오이피클과 함께 겨자를 발라 먹는 음식으로 간편하게 점심 대용으로 먹는다.

(3) 스테이크

쇠고기를 두껍게 썰어 석쇠에 직화로 굽거나 프라이팬에 구워 그레이비소스를 곁들여 먹는다. 쇠고기 부위에 따라 안심, 설로인, 티본스테이크 등으로 불리며, 식성에 따라 굽는 정도를 달리한다.

(4) 칠면조 요리

칠면조 뱃속에 육면체로 조그맣게 잘라 말린 식빵과 허브를 이용한 양념을 넣고 실로 묶어 장시간 구워낸 요리이다.

구울 때 흘러나온 칠면조 기름으로 그레이비소스를 만들어 곁들여 먹는다.

【그림 13-13】 칠면조 요리

CHAPTER 14

멕시코

1. 자연환경

멕시코는 북아메리카 남서부에 위치하고 북쪽으로는 미국, 남쪽으로는 과테말라와 국경을 접하고 있으며 국토의 대부분이 고원지대로 평야가 거의 없는 나라이다. 11월부터 5월 중순까지는 건기, 5월말부터 10월말까지는 우기이며 특히 6월에서 9월 사이에는 무더위와 함께 비가 많이 내린다.

멕시코는 찬란한 마야, 아즈텍 등의 원주민 문화가 자리 잡고 있었으며, 300년간 스페인의 식민지가 된 후 이들 문화와 융합하여 고유의 멕시코 음식 문화를 만들어냈다.

멕시코는 옥수수, 카카오, 토마토, 아보카도, 선인장의 원산지로 유명하고 특히 옥수수는 멕시코인들의 주식으로 멕시코 음식 문화를 옥수수 문화라고도 한다. 또한 스페인을 통하여 쌀, 밀, 올리브오일, 와인 등이 전해졌으며 멕시코의 특산품들이 스페인을 통해 유럽에 전해지게 되었다.

2. 음식 문화의 특징

고대의 마야인들은 옥수수로 사람을 만들었다고 믿었을 정도로 이미 7,000년 전부터 옥수수가 재배된 원산지였으며, 오늘날에도 옥수수는 멕시코인들의 주식으로 이용되고 있다.

삶거나 구워먹거나 또는 토르티야(tortilla)를 만들어 먹는데 토르티야는 옥수숫가루를 반죽하여 철판에 기름 없이 납작하게 구워낸 것으로 거의 끼니때마다 먹는 음식이다. 이 토르티야를 기본으로 하여 여기에 고기와 채소를 소스와 함께 싸서 먹거나 말아서 먹는 등 여러 형태로 응용해서 먹는다.

또 멕시코 음식은 다양한 소스를 음식에 곁들여 먹는데, 이때 고추와 각종 향신료 등 20여

가지의 재료를 갈아서 만든 소스를 사용하고 있다. 멕시코가 원산지인 고추는 멕시코인들이 특히 즐겨 먹는 식품이다.

스페인사람들에게 유제품 이용법을 배운 멕시코인들은 다양한 치즈를 생산하여 이용하고 있으며 쇠고기, 돼지고기, 어린 염소고기, 닭고기, 칠면조고기 등과 양파와 토마토로 만든 초리조와 베이컨도 많이 먹고 있다.

음료로는 커피를 선호하고 탄산음료도 즐긴다.

【그림 14-1】 멕시코의 식당 진열대

3. 대표 음식

(1) 토르티야(Tortilla)

알칼리용액에 담가 껍질을 제거한 옥수수를 곱게 갈아 만든 마사(masa, 반죽)를 둥글게 빚어 얇게 구운 것으로 멕시코인들의 주식이다.

속 재료에 쇠고기, 돼지고기, 닭고기, 양고기 등을 넣어 싸서 먹는다.

(2) 타코(Taco)

토르티야를 U자형으로 튀겨 속에 고기, 콩, 소시지, 치즈, 양상추 등 좋아하는 재료를 넣어 먹는 멕시코의 대표 음식으로 간식이나 애피타이저에 가깝다. 멕시코인들은 오전 11시에서 12시 사이에 이 타코를 먹고 점심은 오후 3시에 먹는다. 멕시코 거리에는 타코 가게가 즐비하여 언제든지 부담없이 즐겨 먹는 요리라고 할 수 있다.

CHAPTER 15

브라질

1. 자연환경

남미에서 가장 큰 나라이고 세계에서 5번째로 넓은 나라이다. 북부는 열대, 중부는 아열대, 남부는 온대기후로 다양한 기후가 나타나며, 아마존강 유역의 정글이 국토의 40%를 차지하고 있다.

인디오 원주민과 포르투갈의 점령으로 유럽인들과 아프리카의 흑인들이 모여 탄생한 나라이다. 따라서 음식 문화도 다민족 국가답게 여러 민족 고유의 음식 문화가 어울려서 형성되었다.

【그림 15-1】 아마존

2. 음식 문화의 특징

아프리카의 덴데(야자수에서 짜낸 기름)와 인디오의 마니오크, 포르투갈의 올리브가 모여 만들어졌다고 할 정도로 각 인종의 음식 문화가 어우러져서 독특한 브라질 음식 문화가 형성되었다. 즉 인디오 음식은 북부 및 북동부 지역에서 발달한 음식으로 대표적인 것은 바나나를 얇게 썰어 말린 것과 달걀과 설탕을 넣어 구운 파이, 과자 등이 있으며, 고기와 강에서 잡은 물고기를 꼬챙이에 꿰어서 구워 먹는 요리가 많다.

흑인 음식 문화는 브라질 사탕수수밭에서 일하는 노동자들을 중심으로 하여 발달하였다. 야자수에서 직접 짠 덴데유를 이용하여 음식을 튀겼는데, 이 기름은 향이 강하고 진한 황색으로 노동을 많이 하는 흑인들에게는 귀중한 식재료였다. 그 외 마늘과 소금을 이용한 요리도 많다.

또한 1500년 포르투갈인들에 의해 발견된 브라질은 유럽의 백인들이 많이 이주하여 유럽의 영향을 받았으며 특히 남부 지역에서 유럽 스타일의 음식 문화를 찾아볼 수 있다. 소시지, 버터, 치즈와 포르투갈의 대표 음식인 염장하여 말린 대구요리 등이 이용되고 있다.

3. 대표 음식

(1) 추라스코(Churrasco)

생고기를 부위별로 크게 썰어 덩어리째 긴 꼬챙이에 꿴 다음 숯불 위에서 구워 토마토소스와 양파소스를 곁들여 먹는 음식이다.

고기는 주로 쇠고기는 안심, 엉덩이 부근의 통갈비, 갈빗살과 돼지 넓적다리살, 통갈비, 양고기 넓적다리 등이 쓰인다. 야채구이는 양송이, 브로콜리, 피망, 토마토, 베이컨을 주로 사용한다.

일종의 바비큐 요리로 생일이나 특별한 날에 먹는 브라질 잔치 음식이라고 할 수 있다.

(2) 쿠스쿠스(Couscous)

대표적인 흑인 음식으로 이집트와 모로코에서 즐겨 먹는 요리이다. 옥수수 가루를 소금물로 반죽해 알갱이가 형성되면 체로 두세 번 내려 크기별로 구분하여 쪄서 야자기름을 발라 먹거나 반찬과 곁들여 먹는다. 커피나 우유와 함께 아침이나 저녁식사 때에 먹는다.

【그림 15-2】 쿠스쿠스

(3) 페이조아다(Feijoada)

포르투갈어로 검은 콩 스튜라고 할 수 있는데 원래는 백인들이 먹다 남은 허드렛고기(돼지꼬리, 족발, 귀) 등을 콩과 함께 큰 냄비에 끓여 먹던 흑인 노예 음식이었다.

지금은 수요일과 토요일 점심 식사에 많이 먹는 서민 음식으로, 콩을 하루 종일 삶고 도중에 소와 돼지의 뼈가 붙어있는 고기, 돼지 귀와 코 등을 넣고 끓이다가 마늘, 양파를 넣는다.

쌀밥이나 마니오크 가루를 곁들여 먹는다.

CHAPTER 16

스웨덴

1. 자연환경

스웨덴의 기후는 겨울이 길고 일조시간이 짧고 추우며, 여름은 짧고 일조시간이 길며 시원한 편이다. 여름의 평균기온은 남부 18℃, 북부 15℃이고, 겨울은 남부 -3℃, 북부는 -10℃ 정도이다.

지리상으로 유럽의 북쪽에 위치하고 있다. 북유럽 3개국의 식문화는 매우 유사한데, 그 이유는 비슷한 위치에 있고 또 그 뿌리가 같은 민족이기 때문이다.

스웨덴인들은 농경사회의 후예들로 남부 유럽인들과 달리 근면하고 부지런하다. 일조시간이 짧은 점심시간은 간단히 먹고, 저녁시간은 여유를 가지고 천천히 즐기는 편이다.

이른 여름 연어가 많이 잡히는데, 깊은 웅덩이를 파고 연어를 넣은 후 충분한 양의 소금을 뿌려 발효시켜 먹는다. 이것은 오늘날 비린내 없는 생선이라는 이름으로 전해 내려오고 있다.

2. 대표 음식

(1) 스뫼르고스보르드(Smörgåsboard)

뷔페는 그 기원이 바이킹의 후예가 정착한 스칸디나비아에 있으며, 스웨덴에서는 스뫼르고스보르드라고 한다. 스웨덴 농촌지역에서 길게 상을 펴놓고 음식을 차려 각자 작은 접시에 덜어 먹던 것에서 유래하였다.

순서는 훈제한 절인 청어와 뱀장어, 소금과 겨자를 곁들인 연어 등 차가운 요리, 돼지고기나 닭고기, 샐러드와 차가운 육류 요리, 감자와 양파, 안초비(멸치절임) 순으로 먹는다.

【그림 16-1】 스뫼르고스보르드

(2) 하지 축제(특별 행사 음식)

길고 추운 겨울을 지내고 맞는 따뜻하고 맑은 날을 환영하기 위해 하지축제를 지내는 전통적인 풍습이 있다.

바닷가재를 먹고 꽃으로 장식된 기둥 주위를 돌며 풍요를 기원한다.

(3) 루시아 축제

루터교를 국교로 갖고 있는 스웨덴이 12월 31일 신앙심 깊은 시실리 소녀의 순교를 기리는 축제로, 해가 뜨지 않은 이른 아침 흰 원피스를 입고 붉은 띠를 두르고 머리에 촛불 장식을 하고 촛불을 든 소녀들의 행렬이 전국에 있는 학교, 병원, 양로원 등으로 이어지는데, 노래하며 빵, 커피 등을 나누어준다.

CHAPTER 17

헝가리

1. 자연환경과 음식 문화

다뉴브강과 리사강 사이에 있는 평원지대로, 동유럽이라고는 하나 인종과 언어는 모두 아시아에 뿌리를 두고 있다. 숟가락으로 국물을 떠먹고 고추를 넣어 음식의 맛을 내는 등 유럽 속의 아시아라고 할 수 있는 식문화를 가지고 있다. 마자르인이 주종을 이루고 종교는 가톨릭이다.

【그림 17-1】 도시풍경

약 150년간 터키의 지배를 받아 터키의 영향을 많이 받았고, 1차 대전이 종료될 때까지 약 200년간 오스트리아의 지배를 받았으며, 또 북쪽 인도에서 방랑을 시작한 집시들이 헝가리에 정착하면서 집시의 영향도 받아 아시아와 유럽 요소가 뒤섞여 있다. 이로 인해 오스트리아와 독일의 영향을 받아 만두와 국수, 사우어크라프트를 즐겨 먹고, 아시아 대평원에서 방목을 하던 유목민 조상들의 오랜 전통으로 헝가리 수프에는 고기, 양배추, 국수를 넣는다. 또한 동유럽 주변 국가들의 음식에도 영향을 받아 그들 고유의 독특한 음식으로 변화시켜 오늘에 이르고 있다.

헝가리인들은 주로 수프와 주요리, 채소 요리, 빵 그리고 후식으로 페이스트리를 먹고 있으며 헝가리 지역에서 생산되는 토카이 와인은 대표적인 헝가리 와인으로 유명하다.

2. 대표 음식

(1) 구야시(Gulyás)

헝가리 전통 음식으로 유목민이던 조상들의 음식이다. 쇠고기 덩어리에 감자와 양배추와 채소를 넣고 파프리카로 양념하여 약간 얼큰하면서 걸쭉하게 끓여 만드는데 만두와 국수, 빵 등을 곁들여 먹는다. 매콤한 맛 때문에 한국의 '육개장' 과 비슷한 맛이 난다.

지금은 오스트리아, 프랑스에서도 즐겨 먹는 헝가리 대표 음식이다.

【그림 17-2】 구야시

(2) 파프리카

터키를 통해 전해진 파프리카는 매운맛을 좋아하는 헝가리 사람들이 양념으로 매우 즐겨 먹는데, 이 파프리카는 마늘, 양파 등과 함께 소시지에 넣기도 하고 수프, 샐러드 등 각종 음식에도 빠지지 않는 식품이다.

CHAPTER 18

체코와 슬로바키아

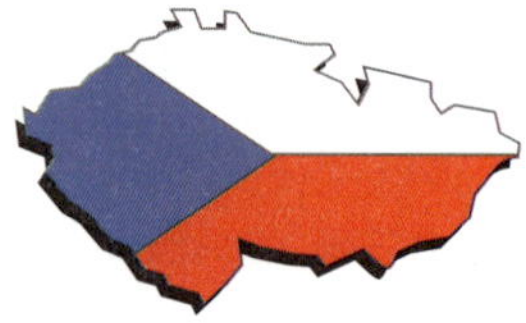

1. 자연환경

유럽의 가장 중심부에 위치해 있고 전체적으로 분지에 가까운 형태를 형성하고 있으며 프라하를 중심으로 보헤미아 분지와 동부의 모라비아 분지로 나눌 수 있다.

보헤미아 북서부 일대는 유럽에서도 유명한 온천이 많으며, 모라비아 지역은 다뉴브강의 지류가 흘러 농지가 발달해 있다.

대륙성 기후와 지중해성 기후의 중간이며 연평균 기온은 7~10℃ 정도로 온화한 편이다. 94%가 서슬라브족으로 단일민족 국가라고 할 수 있으며 언어는 체코어가 공용어로 사용되고 종교는 가톨릭이다.

오랫동안 헝가리의 지배를 받아오다가 1918년 체코와 슬로바키아가 합쳐져 체코슬로바키아로서 한 국가로 되었으나 1993년 두 나라로 다시 분리되어 오늘에 이른다.

【그림 18-1】 체코의 체스키 크룸로프 전경

2. 음식 문화의 특징

(1) 오스트리아와 헝가리의 영향

장기간 오스트리아와 헝가리의 영향을 받고 주변 국가들의 음식과 비슷하여 고유의 음식 문화를 명확하게 구별하기는 쉽지 않다. 그러나 축산업이 발달하여 돼지고기, 닭고기, 오리 고기를 즐겨 먹고 우유와 유제품도 많이 소비한다.

고기를 먹을 때는 반드시 크림소스를 곁들여 먹고 채소로는 감자, 양배추, 양파, 당근, 토마토 등을 많이 먹는다.

그 외에 수프를 하루 한 끼 이상 먹고 감자 덤플링과 국수도 즐겨 먹고 있다.

【그림 18-2】 감자를 곁들인 체코식 식사

(2) 세계 1위의 맥주 소비국

체코의 맥주 소비량은 독일보다 많아 세계 1위이며 체코산 호프로 제조되는 체코맥주는 독특한 쌉쌀한 맛과 향기가 특징으로 독일맥주와 쌍벽을 이루고 있다.

【그림 18-3】 식사와 곁들인 체코맥주

필스너(Pilsner)와 부드바르(Budvar)가 대표적인 체코맥주이며 현재 미국에서 버드와이저란 이름으로 판매되고 있는 최고의 맥주도 체코가 고향이다.

체코맥주는 대부분 수제로 제조되고 있

어 맥주 맛을 보려면 여러 선술집을 돌아다녀야 하는데 체코에서는 종종 '저녁을 마신다' 는 말이 있을 정도로 맥주를 즐겨 마시고 있다.

(3) 스비치코바(Svíčková)

부드러운 쇠고기절편에 독특한 그레이비소스, 레몬 한 쪽, 밀가루경단 등으로 구성되어 있는 간단한 음식이지만 맛이 좋은 체코의 대표 음식이다.

【그림 18-4】 스비치코바

(4) 콜라흐

전통적인 후식으로 우유에 효모와 약간의 설탕과 체로 친 밀가루를 섞고 여기에 레몬 껍질과 소금, 유지방 등을 넣어 구운 케이크로 달콤한 맛이 있다.

【그림 18-5】 전통적인 체코의 콜라흐 가게

CHAPTER 19

호주

1. 자연환경

영국연방에 속하는 나라로 세계에서 가장 큰 섬 또는 가장 작은 대륙으로 알려져 있다. 완만하게 경사진 고원과 평원으로 되어 있으며 주로 동쪽 해안과 동남부, 서남부 지역을 중심으로 발달되어 있고 중부는 사람이 살기에 부적절한 고원이나 침식된 지형이다. 호주는 또한 오랜 기간 동안 지형적으로 고립되어 있었기 때문에 자연경관이 아름다운 나라이다.

영국인을 중심으로 1962년 실시된 이민정책으로 유럽 각지와 베트남전쟁 후 아시아계 동양인들이 이민을 와서 다민족, 다인종국가로 자리 잡게 되었다.

열대우림, 열대성, 아열대성, 온대성 기후 등 다양한 기후대를 가지고 있고 사용되는 언어는 영국 영어이며 종교는 영국 성공회(24%), 천주교(26%)가 많다.

【그림 19-1】 시드니 오페라하우스 전경

2. 음식 문화의 특징

(1) 영국풍의 전통 음식과 여러 민족의 영향을 받은 현대 음식

호주에 이주하여 국가의 기틀을 마련한 영국의 음식을 토대로 로스트와 으깬 감자, 콩, 당근 등 세 가지 채소와 피시 앤드 칩스(fish and chips)가 기본을 이루는 전통음식이다. 여기에 1950년대 이후 이주한 여러 민족의 음식 문화로 인해 보다 다양한 국가의 영향을 받아 오늘날에 이른다. 그러나 크리스마스 로스트나 햄, 푸딩 등은 역시 영국식 전통 음식 문화를 고수하고 있다.

(2) 육류 위주의 음식

쇠고기와 양고기, 돼지고기, 닭고기를 비롯하여 캥거루고기, 악어고기, 칠면조와 꿩 등을 즐겨 먹고 있다. 특히 영국식 스테이크와 미트파이, 바비큐요리를 선호한다.

남태평양에 위치하고 있는 섬나라여 해산물도 풍부하여 연어, 참치, 새우, 가재, 게 등과 각종 조개류, 전복, 홍합 등도 식탁에 자주 오르는 해산물이다.

(3) 열대성 과일

열대성 과일이 풍부하여 파파야, 구아버, 파인애플, 코코넛, 키위, 무화과, 멜론 등이 풍부하고 살구와 배, 자두, 사과, 포도 등은 말려서 스낵으로 먹기도 한다.

【그림 19-2】 열대성 과일

3. 대표 음식

(1) 미트파이(Meat pie)

파이껍질 속에 쇠고기나 닭고기를 넣고 만든 파이로 완두콩이나 그레이비소스를 뿌려서 먹는다. 또는 커피를 곁들여 한 끼 식사로 먹기도 한다.

【그림 19-3】 미트파이

(2) 부시터커(Bush tucker)

원주민인 아보리진들의 전통 음식으로 호주에서 자생하는 다양한 약초, 향신료, 과일, 버섯, 꽃, 채소, 짐승, 새, 파충류와 곤충 등이 먹을거리로 이용된다. 오늘날에는 호주 고유의 맛으로 주목 받고 있다.

(3) 캥거루 요리

1993년부터 음식으로 인정되었으나 원래 전통적인 원주민 음식이다. 바비큐 혹은 다져서 햄버거 패티, 이탈리아 음식 라자냐 등의 재료로 이용되고 있다. 색다른 맛으로 호주의 대표적인 음식으로 자리 잡고 있다.

【그림 19-4】 캥거루 요리

(4) 호주 와인

깊은 맛보다는 신선한 맛의 와인으로, 서오스트리아 지역에서 생산되는 레드와인과 화이트와인이 있다. 특히 호주산 리슬링 와인은 독일산과는 맛이 다른, 세계에서도 정상급에 속하는 와인으로 인정받고 있다.

CHAPTER 20

뉴질랜드

1. 자연환경

남극을 향하고 있는 남섬과 적도 쪽의 북섬으로 나뉘고 기타 작은 섬으로 구성되어 있다. 서안 해양성 기후로 비교적 온화한 편이며 산맥과 구릉, 평원으로 이루어져 있어 풍요로운 자연환경과 지리적으로 좋은 조건을 갖추고 있는 섬나라이다.

인구는 400만 명 정도이며 전체 인구의 80%가 영국인들의 후손들이고 원주민은 마오리족이다. 뉴질랜드 인구의 80%는 기독교인이다.

농업이 발달하였고 목축 국가로 낙농제품과 육류, 양모는 뉴질랜드의 대표적인 산업이다.

【그림 20-1】 마오리족의 전통 냉장고

【그림 20-2】 마오리족의 전통 춤

2. 음식 문화의 특징

(1) 영국과 마오리족, 그리고 환태평양의 음식 문화

인구의 80%가 영국인으로 뉴질랜드인의 식생활은 영국 음식이 기본을 이루고 있다.

그러나 이 외에 다른 음식 문화도 적극적으로 도입하여 중국, 일본, 베트남, 태국과 멕시코 등 환태평양 국가들의 음식을 뉴질랜드화함으로써 양꼬치구이와 같은 다양한 음식을 즐기고 있다. 또한 계절에 따라 풍부하게 생산되는 과일과 채소는 자주 이용하는 식품인 동시에 수출품이기도 하다.

특히 대표적인 뉴질랜드 과일로 알려져 있는 키위를 비롯하여 타마릴로(tamarillo), 각종 베리와 포도 등은 디저트로 또는 케이크나 푸딩으로 이용하고 있다.

(2) 다양한 육류와 양고기

목축이 발달한 나라로 양고기와 육류 섭취가 많은 나라이다. 주로 양, 소, 돼지와 타조, 사슴고기를 즐겨 먹고 있다.

특히 어린 양고기를 좋아하며 유제품과 달걀 섭취도 많은 편이다. 또한 섬나라여서 다양한 생선과 해산물도 유명한데 숭어, 대구, 도미, 넙치, 참치, 뱀장어 등과 뉴질랜드에서만 볼 수 있는 조개류를 다양한 방법으로 요리에 이용하고 있다.

【그림 20-3】 양고기 요리

CHAPTER 21

아르헨티나

1. 자연환경

아르헨티나는 남아메리카에서 두 번째로 큰 나라이다. 북동부평원은 여름에 덥고 겨울에 서늘한 아열대기후를 나타내고, 서쪽과 북쪽의 안데스 고지대와 파타고니아 북부는 건조한 기후이나 남부 저지대로 갈수록 점차 사막기후를 보이며 안데스산맥은 온화한 기후를 나타내는 등 다양한 기후를 가지고 있다.

특히 드넓고 광활한 초원지대가 많아 소, 돼지, 양 등의 목축업이 발달하였는데 이는 기후적인 요소와 더불어 스페인인들이 이주할 때 가축들을 이끌고 이주한 결과이기도 하다.

스페인어가 공용어이고 스페인의 식민지로 있다가 1935년에 독립하였다. 남미의 다른 나라와 달리 국민의 90% 가량이 유럽계 백인으로, 유럽의 생활양식이나 풍습이 잘 유지되고 있는 나라이다.

【그림 21-1】 산마르틴광장

특히 아르헨티나인들은 쇠고기를 매우 좋아하여 세계적으로 쇠고기 소비가 가장 많은 나라 중의 하나이기도 하다.

2. 대표 음식

(1) 아사도(Asado)

믹스드 그릴(mixed grill)이라는 모듬구이 요리를 지칭하는 말로 아르헨티나식 목동들의 숯불구이이다.

특별한 양념 없이 암염으로 만든 굵은 소금을 뿌려 구운 고기인데 샐러드나 감자, 옥수수 등을 곁들여 먹고 레드와인을 같이 마시면 더욱 맛이 좋다.

【그림 21-2】 아사도

(2) 푸체로(Puchero)

아르헨티나 전통 요리로 수프나 스튜의 형태로 양고기, 쇠고기, 닭고기, 햄 등을 먹기 좋은 크기로 썰어 물을 붓고 끓이다가 고기가 익으면 건져낸다. 그 다음 당근, 호박, 옥수수, 순무 등을 넣어 익혀서 먹거나 쌀 또는 국수를 넣어 먹기도 한다.

(3) 마테차

아르헨티나에서 즐겨 마시는 전통차로 가우초(아르헨티나의 카우보이)가 마시는 차이기도 하다. 예르바(yerba)라는 약초를 잘게 썰어 말린 잎을 마테통에 담은 후 설탕을 조금 넣고 뜨거운 물을 부어 은 또는 골풀로 만든 빨대로 마시는 특이한 차이다.

전통적으로는 하나의 잔을 돌려가며 마시는 것이 특징으로 이는 가우초들의 근심과 기쁨을 함께 나누자는 의미라고 한다.

【그림 21-3】 마테차

CHAPTER 22

외국의 행사

1. New Year(1월 1일)

서양에서는 새해를 크리스마스의 연장선으로 생각하고 새해를 맞이한다. 12월 31일 밤에 카운트 다운하면서 샴페인을 터트리고 새해를 맞이한다. 영국에서는 새해가 되자마자 눈을 감고 성경을 펼쳐서 손가락으로 한 구절을 짚은 뒤 그 구절을 풀이하여 한 해의 운수를 알아보기도 하고, 백화점에서는 특별 할인 행사를 하기도 한다.

2. Valentine's Day(2월 14일)

깊고 추운 겨울을 무사히 지낸 것을 축하하면서 이웃과 서로 안부를 묻는 풍습에서 유래되어, 18세기 중엽까지는 친구나 연인 사이에 연정을 표시하는 작은 선물이나 편지를 주고 받는 것이 일반적이었는데 18세기 말부터는 발렌타인 축하 카드를 보내기 시작했다. 오늘날에는 여성이 남성에게 사랑을 고백하는데 이때 초콜릿을 선물하기도 한다. 여기에서 힌트를 얻어 일본에서 White Day(3월 14일)를 만들어 내었는데 이날은 남성이 여성에게 사랑을 고백하는 날이다. 이날 판매되는 초콜릿은 1년 매출액의 70%를 차지할 정도라고 하며 주로 젊은이들이 축제를 즐기고 있다.

3. St. Patrick Day(3월 17일)

성자 세인트 패트릭은 8세에 영국에 노예로 팔려가서 갖은 고생을 하면서도 성경 공부를 손에서 놓지 않아 훗날 성자가 되어서 아일랜드로 돌아왔다고 한다. 이때부터 강한 아버지상을 상징하는 아일랜드인들의 축제가 되었는데 현재는 미국 뉴욕에 이민 온 아일랜드인을 중심으로 하여 큰 축제로서 자리 잡게 되었다. 이외 아르헨티나, 호주, 뉴질랜드 등에서도 행사가 열린다. 상차림은 녹색을 중심으로 하고 네잎클로버를 붙인 책을 선물하는 풍습이 있다.

4. Easter(3~4월)

예수 그리스도의 부활을 축하하는 축제로 원래는 유대교의 축제였으나 새로운 출발을 위하여 오늘날 기독교인들은 세계적으로 이 날을 축하하고 있다. 부활절은 대개 3월 21일과 4월 25일 사이에 있다.

초콜릿이나 달걀을 삶아 서로 선물하는데 달걀은 다산과 부활의 의미가 있다고 한다.

영국에서는 이때쯤 노란 수선화가 활짝 피어 축제 분위기를 한껏 돋우는데 예로부터 모자나 옷을 새로 준비하는 전통이 있다. 영국과 캐나다, 미국 일부 지역에서는 부활절 다음날을 축일로 하고 교회에서 예배를 본다.

【그림 22-1】 부활절 테이블 세팅

5. Mother's Day(5월 두 번째 일요일)

원래는 유럽의 종전 기념일이었으나 미국의 워싱턴에서 여성의 지위가 향상됨을 의미하는 뜻으로 법률적으로 어머니날을 정하게 되었다. 카네이션을 어머니에게 선물하고 그 외 스카프, 손수건 등도 선물한다. 영국에서는 심넬 케이크(과일 케이그)를 만들이 먹기도 한다.

6. Father's Day(6월 세 번째 일요일)

아버지날로 남북전쟁 때의 강한 아버지상을 기념하여 만들었다고 한다. 1972년 미국에서 제정되었는데 장미를 아버지에게 선물하기도 한다.

7. Bastille Day(7월 14일)

프랑스 대혁명이 일어나 왕권에서 해방되던 날로 프랑스의 독립기념일이라고 할 수 있는데 행진과 불꽃놀이 등의 축하행사를 한다.

미국의 독립기념일은 7월 4일로 야외파티와 폭죽놀이를 한다. 미국의 공휴일 가운데 비종교적인 것으로는 가장 성대한 기념일이다.

8. Halloween Day(10월 31일)

원래는 아일랜드의 옛날 축제였으며 이 날은 조상들의 혼이 단 하루 이 세상에 내려오는 날이라고 한다. 이 아일랜드 축제를 미국의 루즈벨트 대통령이 미국 축제로 만들어 활성화 시켰으며 현재는 세계 여러 나라에서 무서운 복장이나 분장을 하면서 이 축제를 즐긴다.

상차림은 주황색과 밤색으로 한다. 호박에 노란 랜턴을 넣어 두는데 이는 조상 귀신이 찾기 쉽게 하기 위함이라고 하며 현재는 랜턴 있는 곳을 찾아가면 사탕을 주면서 즐기는 축제가 되었다.

【그림 22-2】 할로윈데이 상차림

9. Thanksgiving Day(11월 24일)

인디언들이 1년 농사를 지어 첫 수확을 조상에게 바치던 의식에서 유래되었다.

인디언 복장과 얼굴 장식을 하고 즐기는 날에서, 현재는 하나님께 일 년의 수확한 결실에 대해 감사하는 날로 변하였다. 칠면조고기와 호박파이를 가족과 함께 먹고 즐기는 미국 고유의 풍습으로 정착하였다. 많은 미국인들은 다음날인 금요일에 휴가를 내고 4일간의 연휴를 만들어 멀리 떨어진 가족과 친지를 만나 즐겁게 지낸다.

10. Christmas(12월 25일)

기독교인들이 예수 그리스도가 탄생한 날을 기뻐하면서 즐기는 날로 미국에서는 가족과 가까운 친지들이 모여 칠면조 구이와 호박파이를 준비하고 집 내부와 외부에 크리스마스 트리를 장식하고 서로 선물을 주고받으며 하루를 보낸다.

포인세티아와 녹색 식탁보를 사용하여 화려한 상차림을 한다.

【그림 22-3】 로스엔젤레스 시내의 크리스마스 트리

【그림 22-4】 미국 디즈니랜드의 크리스마스 가장행렬

참고문헌

강인희 외 11인. 한국의 상차림. 효일(1999)
강인희. 한국식생활사. 삼영사(1986)
광주요도자문화연구소. 아름다운 우리 상차림. 디자인하우스(2000)
구난숙, 권순자, 이경애, 이선영. 세계 속의 음식문화. 교문사(2002)
구천서. 세계의 식생활문화. 향문사(1994)
국제농림수산업연구센터. 아시아의 전통식품. 농림통계협회(1996)
김기숙, 한경선. 교양을 위한 음식과 식생활 문화. 대한교과서(1997)
김복자, 박상옥, 박춘란, 김희주. 최신판 한국 음식. 형설출판사(2001)
김자경. 공격적인 포크문화와 수동적인 젓가락문화. 자작나무(1999)
김태정, 손주영, 김대성. 음식으로 본 동양문화. 대한교과서(1998)
김혜영 외 4인. 문화와 식생활. 효일(1998)
김희섭 외 5인. 세계 요리문화 산책. 도서출판 대가(2005)
로이 스트롱, 강주헌 역. 권력자들의 만찬. 넥서스books(2005)
맛시모 몬타나리, 주강철 역. 유럽의 음식 문화. 새물결(2001)
박경태, 백종온, 조용범. 글로벌 음식문화의 이해. 석학당(2009)
박춘란. 한국의 장류에 관한 고찰. 충청대학 논문집(1992)
쓰지하라 야스오, 이정환 역. 음식, 그 상식을 뒤엎는 역사. 도서출판 창해(2002)
원융희. 세계의 음식문화. 자작나무(1999)
유애령. 식문화의 뿌리를 찾아서. 교보문고(1997)
윤복자. 테이블세팅 디자인. 다섯수레(1996)
윤숙자. 한국의 떡, 한과, 음청류. 지구문화사(1998)
이성우. 식생활과 문화. 수학사(1992)
이성우. 한국식생활사 연구. 향문사(1978)
이성우. 한국요리문화사. 교문사(1985)
이순옥. 우리떡, 우리음식. 백산출판사(2002)

이시게 나오미치(石毛直道), 동아시아식생활학회 연구회 역. 세계의 음식문화. 광문각(2000)
임영상, 최영수, 노명환. 음식으로 본 서양문화. 대한교과서(1997)
장지현. 한국전래 발효식품사 연구. 수학사(1989)
정미선. 이층버스와 버버리코트. 김영사(1999)
조선일보사. 집안 고구려 고분벽화(1994)
조용헌. 5백년 내력의 명문가 이야기. 푸른역사(2002)
조은정. 오늘부터 따라할 수 있는 테이블 데코. 쿠켄(2000)
조정순, 오성천, 이숙미. 현대인과 식생활. 서도문화사(2000)
충북의 맛 100선. 충청북도(1996)
충북의 향토음식. 충청북도 농촌진흥원(1993)
한복진, 한복려, 황혜성. 우리 음식 백가지 1, 2. 현암사(1998)
현기순, 홍성야, 임양순, 이애랑. 식생활 관리학. 교문사(2001)
황규선. 황규선의 아름다운 식탁. 중앙 M&B(2000)
황혜성, 한복려, 한복진, 서혜경. 한국문화재보호재단 편. 한국음식대관 제6권. 한림출판사(1997)
황혜성. 황혜성의 조선왕조 궁중음식. 궁중음식연구원(1995)
MBC 프로덕션. 세계음식문화기행(1995)

杉田浩一, 石毛直道. 조리의 문화(日本)(1995)
水谷修 외 7인. 日本事情 ハンドブック. 大修館書店(1995)
韓日百科(世界の食べよのケーター編)

Margaret McWilliams, Holly Heller. Food Around The World. Prentice Hall. Newjersey(2003)
Pamela Goyan Kittler, Kathryn P. Sucher. Cultural Foods. Wadsworth(2000)
Sarah R. Labensky, Alan M. Hause. On cooking. Prentice Hall. Newjersey(1995)

찾아보기

ㄷ

ㄹ

ㅁ

ㅂ

ㅅ

ㅈ

ㅊ

ㅋ

ㅌ

ㅍ

ㅎ

저자소개

박춘란

중앙대학교 식품영양학전공 이학박사
현) 충청대학교 식품영양학부 교수
교육과학기술부 고교 교과서 심의위원(한국조리 · 단체급식)
영양사 국가고시 자격시험 출제위원

세계의 식생활문화

발 행 일 2013년 2월 25일 초 판 발행
2014년 2월 28일 개정판 발행
지 은 이 박 춘 란
발 행 인 김 홍 용
펴 낸 곳 도서출판 효일
디 자 인 에스디엠
주 소 서울시 동대문구 용두동 102-201
전 화 02) 460-9339
팩 스 02) 927-7703
홈페이지 www.hyoilbooks.com
Email hyoilbooks@hyoilbooks.com
등 록 1987년 11월 18일 제6-0045호
ISBN 978-89-8489-341-2

값 20,000원